Hey, und schön, dass du da bist! Bevor wir loslegen, habe ich gleich eine tolle Neuigkeit für dich! **Mit deinem Kauf hast du gerade einen Baum gepflanzt!** Ich spende für jedes verkaufte Buch und E-Book einen Baum, der von Ecosia gepflanzt wird.

Über den aktuellen Stand halte ich dich auf meinen Social-Media-Kanälen (*@tobiasgillen*) und mit meinem Baumzähler auf *wirpflanzen.de* auf dem Laufenden.

Wenn du dich darüber hinaus noch weiter engagieren möchtest, kannst du als deine Suchmaschine einfach *ecosia.org* nutzen. Die Gewinne investiert Ecosia in Bäume auf der ganzen Welt.

wir pflanzen

Tobias Gillen

Die Minimalismus-Formel

Dein Handbuch für einen reduzierten Lifestyle

Die Minimalismus-Formel

Tobias Gillen, c/o BASIC thinking GmbH, Scanbox #03299,

Ehrenbergstr. 16a, 10245 Berlin

Logo und Cover: Sascha Gottschalk, Inpetto Werbung

ISBN: 9781687482426

1. Auflage: September 2019

INHALT.

WIDMUNG.

Für mein Herz.
Christina.

EINLEITUNG.

Hinter dem Trendwort Minimalismus verbirgt sich nicht weniger als eine Sehnsucht vieler Menschen. Die Sehnsucht nach weniger materiellem Ballast, Kümmernmüssen und Durcheinander – und nach mehr Freiheit, Klarheit und Sicherheit. Wir leben in Mitteleuropa in einer Gesellschaft und Generation des Überflusses. Uns mangelt es an wenig bis gar nichts – im Vergleich zu früheren Generationen oder Entwicklungsländern. Das haben wir seit unserer Kindheit gelernt, und wir werden ständig zu noch mehr Konsum verleitet. Werbung, Influencer, 0-Prozent-Finanzierung. Es ist heute einfach zu konsumieren. Und schwer zu widerstehen.

Das zeigt sich auch an unserem Besitz: Im Schnitt besitzen wir rund 10.000 Gegenstände. Mehr, als wir je bräuchten oder auch nur ansatzweise regelmäßig nutzen könnten. Diese Strategie des Ansammelns und des Hortens von Dingen hat viele Generationen lang Sinn ergeben und funktioniert, schließlich lebten die Menschen nicht immer im Überfluss. Mangel war die Regel, nicht die Ausnahme. Heute brauchen wir diesen Überfluss nicht mehr – und leben doch mehr in ihm als je zuvor, teils weit über unsere finanziellen Verhältnisse hinaus. Kaufen ist für viele Menschen ein Ersatz für Glück geworden. Sie kaufen sich einen Moment voller Glücksgefühle. Und natürlich geben sie dafür viel Geld aus. Wer würde das nicht, wenn es so einfach ist, glücklich zu sein?

Leider trügt der Schein, denn die Glücksgefühle gehen schneller zurück, als uns lieb ist. Dabei spielt es übrigens keine Rolle, ob wir viel Geld ausgeben oder wenig, ob wir uns ein paar Schuhe kaufen oder einen Sportwagen. Diese gekauften Glücksgefühle halten nicht lange, ganz egal, was wir uns kaufen. Vielleicht hast du das an dir selbst schon einmal beobachten können. Diese Freude, diese Euphorie, wenn du dir etwas gekauft hast. Hast du diese Freude auch nach drei Wochen noch – oder nach drei Monaten? Das liegt daran, dass wir uns sehr schnell an unsere Lebensumstände gewöhnen. Wir verwöhnen uns selbst und werden dadurch verwöhnter. Wenn du dir jetzt eine teure Uhr kaufst, hast du dich in ein paar Wochen daran gewöhnt, sie zu tragen. Selbiges gilt für alle anderen materiellen Dinge, seien es Autos, Smartphones oder Fernseher.

Das ist nicht schlimm, wenn uns das bewusst ist. Es spricht nichts dagegen, sich von Zeit zu Zeit selbst etwas Gutes zu tun. Wenn wir aber versuchen, wahres Glück in materiellem Besitz zu finden, wird das nicht funktionieren. Schlimmer noch: Es kann schnell eine Spirale entstehen, aus der wir so einfach nicht mehr herauskommen. Wer sein Glück nur durch Besitz definiert, wird immer mehr Besitz brauchen, um immer neue Glücksgefühle zu erzeugen. Der Konsum wird zur Droge.

Wir werden süchtig nach Konsum – und genau an dem Punkt, an dem es uns mal schlecht geht, kommt der Handel ins Spiel und flüstert uns ganz sanft ins Ohr: »Hey, kauf das, dann bist du wieder glücklich!« Vielleicht schaffen wir es noch, diesem Flüstern zu widerstehen. An der nächsten Ecke wird der Ton schon rauer: »Nur solange der Vorrat reicht, beeil dich!« Wir halten uns Augen und Ohren zu, gehen schnellen Schrittes weiter, aber der Handel lässt nicht locker: »Kauf jetzt sofort dieses Teil, 30 Prozent Rabatt, 0-Prozent-Finanzierung, aber nur heute!« Irgendwann geben wir auf.

Was ich hier wie einen dramatischen Spießrutenlauf beschrieben habe, ist das, was in unserem Unterbewusstsein passiert, wenn wir durch den Alltag gehen. Egal ob das Werbung im Fernsehen oder Radio, Pop-ups im Browser oder städteweise vollgekleisterte Plakatwände sind. Dein Unterbewusstsein ist ständig und überall im Alltag damit beschäftigt, zu sondieren, was du brauchst oder nicht brauchst, was teuer oder billig ist, welches Sonderangebot Sinn macht, und so weiter. Was bleibt aber am Ende von all dem Konsum in der heutigen Zeit? Unterm Strich müllen wir unser Leben zu, in der Hoffnung, dann glücklich zu sein. Das Glück geht, die Anschaffungen bleiben, im schlimmsten Fall verbunden mit Schulden. Wir schränken unseren Lebensraum ein, um alle Sachen zu verstauen, horten Kisten und Tüten voll mit altem Kram in Kellern, Abstellkammern und Garagen. Wir mieten uns größere Wohnungen oder kaufen größere Häuser, um all das Zeug mitnehmen zu können. Nachhaltiges Glück finden wir so nicht. Nur Ballast und Probleme.

Vielleicht kommt dir all das bekannt vor. Vielleicht bist du gerade an einem Tiefpunkt in deinem Leben angekommen und suchst Rat. Vielleicht interessierst du dich einfach nur für das Thema. Ich kenne deine Motivation nicht, dieses Buch zu lesen. Und trotzdem bin ich mir sicher, dass du hier genau richtig bist und findest, was du suchst.

Wir beide werden uns in diesem Buch auf eine Reise begeben, die am Ende zu mehr Zufriedenheit, Glück und Geld führen wird – und das, obwohl wir fast jeden Bereich des Lebens betrachten und bestenfalls verkleinern werden. Wir stellen also mathematische Grundregeln auf den Kopf und werden aus einem Minus ein Plus, aus einem Weniger ein Mehr machen. Dabei kannst du mich wie einen Tour-Guide betrachten, der dir im Urlaub eine fremde Stadt zeigt. Ich möchte dir nicht schulmeisterlich etwas beibringen. Ich werde dir vielmehr meine Geschichte erzählen und dir helfen, deine eigene Geschichte zu schreiben. Ich möchte dir Impulse geben, dich zum Nachdenken anregen und dir meine Erfahrungen, Learnings und Tipps mitgeben. Auf dass sie dir gute Dienste auf deiner Reise leisten mögen!

Wir werden uns in den folgenden Zeilen, sortiert nach Räumen, genau anschauen, wo sich überflüssiger Ballast versteckt. Sowohl materieller, finanzieller als auch emotionaler Natur. Du wirst Systeme und Strategien kennenlernen, dich von diesem Ballast zu trennen, wenn du das möchtest, oder erst gar keinen neuen Ballast entstehen zu lassen. Du wirst in diesem Buch eine Mischung aus Praxis und Theorie finden. Ich kann dir in vielen Bereichen mit praktischen Tipps helfen, die du direkt selbst ausprobieren und umsetzen kannst. In anderen kann ich dir nur die Theorie an die Hand geben, mit der du deinen eigenen Weg finden kannst.

Denn Minimalismus ist kein Zustand oder Ziel. Minimalismus ist eine Form der Lebensgestaltung, moderner: ein Lifestyle. Es ist nicht damit getan, »endlich mal aufzuräumen«, sondern grundlegende Glaubenssätze, die wir unser ganzes Leben lang verinnerlicht haben, zu hinterfragen und dann umzuprogrammieren. Deswegen ist es nur verständlich, dass dieses Hinterfragen uns hier und da an unsere Grenzen bringen wird. Es kann emotional oder auch anstrengend werden. Lass dich davon nicht entmutigen. Wir machen das gemeinsam – und immer, wenn du dich mit einem Thema nicht wohlfühlst, lässt du es einfach aus und gehst es vielleicht später wieder an.

Wichtig ist mir, dass Minimalismus kein Zwangsverzicht sein sollte. Ich laufe nicht den ganzen Tag durchs Leben und ärgere mich über all das, was ich nicht mehr habe. Es ist genau umgekehrt: Ich erfreue mich wieder an dem, was ich habe. Ich weiß die Dinge, die ich besitze, wieder zu schätzen, gehe bewusster mit ihnen um und lebe nachhaltiger. Schließlich sollte uns Besitz niemals einschränken, sondern immer bereichern und weiterbringen. Das geht aber nur, wenn du dich nicht selbst unter Druck setzt oder von außen stressen lässt. Meiner Erfahrung nach ist es vielmehr so, dass ein Stein einen anderen ins Rollen bringt und du irgendwann ganz automatisch fast alles in deinem Leben, in deinen Regalen und Schubladen hinterfragen wirst.

Hab keine Angst davor und höre auf dich, denn du weißt am besten, was gut oder auch schlecht für dich ist. Da kann dir niemand bei helfen, nicht deine Eltern, nicht deine Freunde, nicht dein Partner – und schon gar nicht ich.

Wenn dir auf dieser Reise Fragen aufkommen oder du vielleicht auch hilfreiche Impulse für mich hast, freue ich mich jederzeit auf eine Nachricht von dir! Du erreichst mich in fast jedem sozialen Netzwerk – Instagram, Facebook, Twitter – unter *@tobiasgillen*. Auf YouTube findest du viele Videos von mir zum Thema Minimalismus, auf *tobiasgillen.de* viele Artikel. Zudem kannst du mir gerne auch per E-Mail schreiben, am liebsten und ganz einfach an *kontakt@tobiasgillen.de.* Ich freue mich schon jetzt, von dir und deinem Weg zu hören!

Abschließend dieser Einleitung möchte ich dich noch darauf hinweisen, dass ich dir am Ende dieses Buches einen Werkzeugkoffer zusammengestellt habe. Du findest dort noch einmal alle Strategien, Methoden und Systeme aus diesem Buch in komprimierter Form, alle Anlaufstellen, Ressourcen und Links und weitere hilfreiche Tipps und Tricks.

Zudem habe ich dir dort, falls du sie brauchst, 30 kleine und schaffbare Missionen zum Sofortloslegen aufgeschrieben, mit denen du deinen Weg zum Minimalismus schnell und unkompliziert beginnen kannst.

Wenn du zwischendurch also einmal etwas nachschlagen möchtest, aber nicht mehr genau weißt, wo du den Abschnitt findest, kannst du einfach kurz zum Ende des Buches springen und die gewünschten Informationen oder ein bisschen Motivation finden.

Bist du bereit für weniger Ballast, Durcheinander und Kümmernmüssen – und für mehr Freiheit, Klarheit und Sicherheit?

Dann lass uns nun gemeinsam loslegen!

Tobias Gillen
Mechernich, Juni 2019

MINIMALISMUS.

Bevor wir uns auf deine Reise begeben, möchte ich dir zunächst meine Geschichte erzählen.

Ich lebe gemeinsam mit meiner Partnerin in der Nähe von Köln. Vor etwas über drei Jahren sind wir in eine gemeinsame Wohnung gezogen. Wir haben, wie das so üblich ist, unsere jeweiligen Besitztümer zusammengepackt, Kisten und Kartons verklebt und aus zwei Haushalten einen gemacht. Wir wohnen im dritten Stock eines dreistöckigen Hauses ohne Aufzug. Und so schleppten wir beim Umzug einen Karton nach dem anderen die 54 Stufen hoch. Ein ums andere Mal. Hoch und wieder runter. Der Großteil dieser Kartons landete nahezu ungesehen im Abstellraum oder hinter unserer Couch in diesem toten Raum unter der Dachschräge, der, zugegeben, zu nicht viel mehr zu gebrauchen wäre.

In all den Kisten fanden sich mitunter noch Sachen aus unseren alten Jugendzimmern, die wir von dort in unsere erste Wohnung und seither bei jedem unserer Umzüge mitgeschleppt haben. Alte Schulbücher, Sporttrikots, einfach alles, was du dir gerade vorstellen kannst. Dabei sind wir nicht mal besonders unordentlich. Bei uns hat eigentlich alles seine Ordnung, es steht wenig einfach so herum. Und trotzdem gab es dieses Sammelsurium an Kuriositäten und Altlasten, das uns schon so lange begleitet hat. Wie viel Stress, Zeit und Wege wir über mehrere Umzüge hätten sparen können, wenn wir dieses Zeug irgendwann mal ausgemistet hätten – es ist purer Wahnsinn. Und obwohl mir das heute so offensichtlich vorkommt, hat selbst dieser Umzug nicht zur Einsicht beigetragen, etwas zu ändern. Schließlich sieht man das Zeug ja nicht mehr, wenn es einmal hinter Couch oder Tür verstaut ist.

Meine Einsicht, dass ich etwas ändern muss, kam durch meine Arbeit als Geschäftsführer eines Medienunternehmens. Da wir keine Büros unterhalten, sondern dezentral verteilt über ganz Deutschland arbeiten, verbringe ich, wie jeder unserer Mitarbeiter, viel Zeit im Home Office, also bei mir zuhause. Das ist ganz wunderbar, und ich liebe sowohl diese Tatsache als auch meine Arbeit an sich. Aber neben einer Menge Verantwortung bringt mein Job auch viel Stress mit sich. Die Arbeitstage sind lang, die Erholungszeiten kurz. Ständig klingelt das Telefon, es kommen täglich neue E-Mails in dreistelliger Anzahl rein, Tweets und Facebook-Kommentare wollen beantwortet werden – ich werde dir da vermutlich nichts Neues erzählen, denn so sehen heute viele Bürojobs einfach aus. Irgendwann habe ich gemerkt, wie ich mich immer häufiger »selbst belohnt« habe – mal für den Stress, dann wieder für den Erfolg, dann als Aufmunterung bei einem Misserfolg. Nie dramatisch viel und nie so, dass es mir Probleme machen konnte, aber doch wohldosiert hin und wieder mal alle paar Wochen.

Die Versuchung Amazon ist groß, wenn du etwas siehst, das du gerne mal ausprobieren möchtest – oder von dem du denkst, dass es dir Spaß machen könnte. Jeder Mensch kennt diesen Impuls des Belohnens (oder Aufmunterns), wenngleich die Umsetzung natürlich variiert. Egal ob Schokolade, Eis, Alkohol, Zigaretten, Spiele oder Konsum – das Prinzip ist immer dasselbe. Ich finde das nicht verwerflich und nur natürlich. Aber, das habe ich ja bereits beschrieben, man muss dieses Prinzip verstehen und durchschauen. Wer es nicht tut, gerät schnell in dieses Hamsterrad aus Belohnung und Glücksgefühl, das irgendwann anfängt, sich immer schneller zu drehen.

So entsteht Sucht, die einen leider viel zu schnell in den persönlichen Ruin führen kann – finanziell oder mental. So schlimm ist es bei mir nicht gewesen. Hin und wieder mal eine Kleinigkeit ist sicher zu verschmerzen. Und doch habe ich irgendwann gemerkt, dass mich selbst diese Kleinigkeiten stressen. Einfach in ihrem bloßen Sein, in ihrer Existenz. Die Vorstellung, dass diese Dinge irgendwann wieder in Kisten landen, die wir dann wieder die 54 Stufen runter und in eine neue Wohnung hochschleppen müssen. Und denken wir das mal weiter. Wie viele Kisten sind es in 30 Jahren, wenn es jetzt schon mehr ist, als wir überhaupt ausgepackt haben?

Ich würde mich jetzt seit etwa drei Jahren als Minimalist bezeichnen – und ich habe bisher keinen Tag bereut. Ich bin glücklicher, zufriedener, und fühle mich leichter. Der tote Raum hinter der Couch ist komplett leer, die Abstellkammer locker um 80 Prozent reduziert. Schränke und Regale sind komplett ausgeräumt, der gesamte Besitz wurde mindestens halbiert. Und durch die geänderten Glaubenssätze und das Etablieren des Minimalismus als meine Lebensweise gebe ich weniger Geld aus, spare mehr, und sichere mich so ab.

Was Minimalismus für dich bedeutet, kannst nur du ganz alleine definieren. Es gibt keine allgemeingültige Definition des Minimalismus. Minimalismus ist für jeden Menschen ganz individuell. Für mich baut sich diese Lebensweise auf drei Säulen auf: Freiheit, Klarheit und Sicherheit.

Freiheit

Wer minimalistisch lebt, hat gewisse Freiheiten, die ich als klare Vorteile erachte. Beispielsweise braucht der Minimalist viel weniger Wohnfläche, um sein Hab und Gut unterzubringen.

Selbst wenn du nicht wie extreme Minimalisten mit unter 100 Gegenständen dein gesamtes Leben aus dem Rucksack bestreiten könntest (mache ich auch nicht!), hast du doch deutlich weniger Teile, für die du unbedingt einen Platz finden musst.

Du kannst viel schneller und mit weniger Aufwand umziehen, bist unabhängiger von materiellen Gegenständen und lernst entsprechend, mit wenig glücklich zu sein. Das ist für mich die ultimative Freiheit.

Klarheit

Sofern du keines dieser Genies bist, die mit sehr viel Chaos auf dem Schreibtisch noch produktiv, konstruktiv und klar denken können, kennst du diesen Punkt bereits: Wenn viel Durcheinander herrscht, fällt es schwerer, klare Gedanken zu fassen. Um konzentriert zu arbeiten, braucht es ein Mindestmaß an Ordnung und Struktur. Genau so ist es beim Minimalismus mit dem gesamten Leben, nicht nur mit der Arbeit am Schreibtisch. All die Dinge in unserem Leben, die wir zwar besitzen, aber eigentlich gar nicht brauchen, stören uns – und sei es nur unbewusst. Wie oft hast du schon ein Teil in der Hand gehabt, über dessen Kauf du dich im Nachhinein dann doch geärgert hast? Jedes Mal, wenn du es siehst, ärgerst du dich wieder. Wie oft konntest du dich mal wieder nicht entscheiden zwischen all den Klamotten in deinem Kleiderschrank? Und wie oft wischst du nun schon Staub auf dem komischen Urlaubsmitbringsel aus Muscheln, bei dem keiner so richtig weiß, was es eigentlich ist? All diese Dinge belasten uns – mal mehr, mal weniger – und ein bewusstes Aussortieren kann wahre Wunder bewirken und uns mehr Klarheit verschaffen.

Sicherheit

Sicherheit ist für mich der wohl wichtigste Punkt. Unsicherheit lässt uns schlechter schlafen, sie kostet uns Kraft, macht uns nervös und bringt Stress in unser Leben. Minimalismus, so wie ich ihn definiere und lebe, kann an dieser Stelle helfen. Sei es nur dadurch, dass wir nicht mehr die große Wohnung brauchen, um all unseren Besitz zu verstauen und dadurch weniger hohe Fixkosten haben. Oder dadurch, dass wir durch weniger (und dafür bewussteren!) Konsum jeden Monat Geld übrighaben, das wir zur Seite legen oder investieren können, um für schlechtere Zeiten abgesichert zu sein. Oder dadurch, dass wir mit dem Geld, das wir durch unser Aussortieren erlösen konnten, vielleicht einen Kredit ablösen oder Schulden tilgen konnten. Geld alleine macht nicht glücklich. Aber kein Geld zu haben, bringt Probleme in unser Leben, auf die wir sicher alle gut und gerne verzichten können. Mit einem minimalistischen Lebensstil verliert Geld zunehmend seine Bedeutung, weil wir natürlich weniger davon brauchen. Mir gibt dieser Gedanke viel Sicherheit. Zu wissen, dass ich mit wenig auskomme, lässt mich ruhiger schlafen.

Minimalismus ist – das möchte ich noch einmal betonen – kein Verzicht. Auch wenn es auf den ersten Blick so aussehen mag. Es geht nicht darum, sich selbst einzuschränken und jeden Tag um all die tollen Dinge zu trauern, die man sich nicht gekauft hat. Minimalismus ist die Lebenseinstellung, dass es andere Werte im Leben gibt, die wichtiger sind und viel mehr und nachhaltigeres Glück schaffen können. Dazu zählen Erlebnisse, Erinnerungen, Beziehungen. Wenig bis gar nichts kann uns glücklicher machen als eine feste, tiefgründige Beziehung zu einem Menschen, ganz egal, ob das unser Partner ist, ein Familienmitglied, oder ein guter Freund. Glück lässt sich nicht kaufen. Glück kann nur aus dir selbst entstehen und dann wachsen. Beim Minimalismus geht es mir nicht darum, nun gezwungenermaßen nichts mehr zu konsumieren. Es geht um den Fokus auf das, was wir in unser Leben lassen. Darum, dass wir weise wählen, wem oder was wir unsere Aufmerksamkeit und Zeit schenken. Einem guten Freund, der uns bereichert oder einem angeblichen Freund, der uns eigentlich nur aussaugt? Den Kisten hinter der Couch in der toten Ecke mit unzähligen Gegenständen oder lieber einem einzigen Gegenstand, der uns aber wirklich erfreut?

Ich habe die Weisheit nicht gepachtet. Was für mich richtig ist, kann für dich nicht passen. Was für mich nicht passt, kann genau der kleine Funke sein, den du für dein Glück brauchst. Ich möchte dich, bevor wir deine Reise nun gemeinsam beginnen, ermutigen, mich zu jeder Zeit in diesem Buch zu hinterfragen. Sei kritisch, zweifle und destilliere den Minimalismus für dich heraus, der dir dabei hilft, deine Wünsche zu erfüllen und dein Leben zu bereichern. Nur darum geht es.

Es ist dein Leben.

MEDIEN.

Ich bin ein großer Freund vom Machen. Lange Planerei liegt mir nicht, ich packe die Dinge gerne an, schaue was passiert, und justiere dann anschließend nach. Die erste Station zu mehr Klarheit und Ordnung ist daher dein Bücher- und DVD-Regal. Bücher, CDs und DVDs eignen sich ideal für schnelles Handeln. Sie nehmen viel Platz weg, es gibt Alternativen, und wir können sie sehr leicht loswerden.

Fangen wir mit Büchern an. Ich weiß nicht, wie es dir geht, aber ich lese Bücher in der Regel genau ein Mal und habe auch kein Interesse daran, sie ein weiteres Mal zu lesen. Eine Ausnahme mögen hier Sachbücher sein, in denen man hier und da mal etwas nachschlagen möchte. Aber sind wir ehrlich: Wie oft machen wir das wirklich und wie oft könnten wir die gesuchten Informationen nicht auch im Internet finden?

Ich will damit Büchern keinesfalls ihre Daseinsberechtigung absprechen. Ich selbst lese liebend gerne Bücher, erfreue mich an toll gemachten Einbänden und genieße die bildschirmfreie Zeit ganz ohne Smartphone, E-Reader oder Computer. Die Frage ist nur, ob wir wirklich ganze Regalwände mit gelesenen Büchern füllen wollen, die uns Platz kosten und die wir im Normalfall nie wieder anfassen werden.

Ähnlich verhält es sich mit CDs und DVDs. Wie oft hörst du noch Musik mit dem CD-Player (außer vielleicht mal im Auto)? Und wann hast du die letzte DVD in den DVD-Player eingelegt? Wir verbinden tolle Erinnerungen an unserer Lieblingsmusik vergangener Tage oder an tolle Filme, die wir mit besonderen Menschen geschaut haben. Dagegen ist nichts einzuwenden. Doch ist es nicht so, dass die Zeit diese Medien überholt hat? Heute gibt es Streaming-Dienste für Musik wie Apple Music, Spotify, Deezer und Co. Für Filme und Serien gibt es Amazon Prime Video, Netflix, Sky Go und viele weitere. Es gibt wenige Lieder und Filme, die wir nicht bei Bedarf auch anderweitig nochmal anhören oder anschauen könnten, ohne sie gleich selbst besitzen zu müssen.

Das empfinde ich als einen wichtigen Punkt beim Minimalismus. Nutzen ist ungleich Besitzen. Wir können viele Dinge nutzen, ohne sie besitzen zu müssen. Modern nennt sich das »on Demand«, also »auf Abruf«. Auch die immer größer werdende »Sharing-Economy« ist Teil dieses Gedankens. Warum muss beispielsweise unser Auto 95 Prozent (oder mehr) der Zeit ungenutzt herumstehen? Macht es nicht viel mehr Sinn, sich ein Auto mit anderen zu teilen, um ökologischer und ökonomischer unterwegs zu sein? Wir sehen diese Entwicklung schon mit den Fahrrad- und E-Roller-Apps in den Innenstädten und werden hier in Zukunft noch weitere Trends aufkommen sehen.

Die Frage ist also: Brauchen wir diese Bücher, CDs und DVDs wirklich noch oder können wir nicht vielleicht anderen Menschen damit eine Freude machen?

Eine Ausnahme bilden natürlich ausgewählte Stücke, die uns selbst wirkliche Freude bereiten. Vielleicht hast du ein signiertes Buch deines Lieblingsautors, das dich lächeln lässt, wenn du an die Begegnung denkst. Vielleicht eine CD, die du vor 20 Jahren beim ersten Kuss mit deinem heutigen Ehepartner gehört hast.

Wenn du an Dingen hängst, weil sie eine positive Ausstrahlung auf dich haben, dann trenne dich nicht davon. Beim Minimalismus geht es nicht darum, dass du einmal Tabula rasa machst und deinen Hausstand auf einen Kochtopf und ein Paar Socken reduzierst. Ein häufiges Missverständnis.

Bei den Stücken, von denen du dich aber trennen möchtest, empfehle ich das Vier-Stapel-System. Dabei sortierst du erstmal radikal aus nach der Frage: Was will ich behalten und was will ich loswerden?

Alles, was du loswerden willst, unterteilst du nun in vier Stapel:

- Verkaufen
- Verschenken
- Spenden
- Wegschmeißen

Das funktioniert übrigens nicht nur bei Büchern, CDs und DVDs super, sondern auch bei fast allen anderen Dingen, die wir auf dieser Reise genauer hinterfragen werden.

Das Vier-Stapel-System ist ein wahrer Alleskönner, weil er aus dem Trennungsprozess ein positives Erlebnis macht. Es ist viel schwerer, Dinge einfach so wegzuschmeißen, als dafür noch ein paar Euro zu bekommen (Verkaufen), unseren Liebsten ein bisschen Freude zu schenken (Verschenken) oder Menschen zu helfen (Spenden).

Wann immer du dich zwar von einem Teil trennen möchtest, dich aber irgendetwas zurückhält, kann das Vier-Stapel-System ein guter Ratgeber für dich sein. Ganz davon abgesehen, dass ich es persönlich für unverantwortlich halten würde, bereits produzierte und noch völlig intakte Waren zu vernichten, wenn andere Menschen diese noch gebrauchen können. Die Ressourcen können wir uns gut sparen, wenn wir die Dinge weitergeben.

Verkaufen

Auf den Verkaufen-Stapel kommt alles, was du noch zu Geld machen kannst. Dazu zählen gut erhaltene Bücher und originale CDs und DVDs, für die es noch einen Markt gibt. All diese Produkte kannst du über Verkaufsportale wie eBay oder eBay-Kleinanzeigen, den Facebook-Marktplatz oder Shpock recherchieren und anbieten.

Ist der Markt für das Produkt zu klein oder gibt es kein richtiges Interesse, gibt es noch einen anderen, einfacheren Weg. Dann kannst du mit Apps wie Rebuy oder Momox ganz einfach die Barcodes der Produkte einscannen. Die Apps geben dir dann eine Einschätzung, was sie selbst bereit wären, im Ankauf dafür zu bezahlen. Der Preis berechnet sich bei den Apps aus einer Mischung aus Angebot, Nachfrage und Lagerbestand.

Hier lohnt sich auf jeden Fall, jedes Produkt einmal in beiden Apps zu checken. Mal bezahlt die eine besser, mal die andere. So bekommst du recht schnell ein gutes Gefühl dafür, was gut laufen könnte und was nicht. Natürlich verdienen diese Apps mit der Differenz zwischen Ankauf und Verkauf ihr Geld. Finanzielle Wunder wirst du hier wahrscheinlich nicht erzielen. Das Schöne aber: Der Versand ist kostenlos und du bist die Produkte auf einen Schlag los, wenn du ein gutes Angebot bekommst.

Als letzte Option wäre auch der Gang zum Flohmarkt eine Möglichkeit, den einen oder anderen Sammler oder Liebhaber für die Sachen zu finden. Das würde ich aber erst ganz am Ende deiner Reise mit allen Produkten machen, die überbleiben, damit du auch genügend Angebot an deinem Stand zusammenbekommst. Schließlich fallen beim Flohmarkt mit den Standgebühren auch wieder Kosten an. Dafür kannst du dir eine »Verkaufen«-Box einrichten, wo du alle Dinge sammelst, die du später verkaufen möchtest. So vergisst du auch nicht, sie wirklich zu einem anderen Zeitpunkt auszusortieren.

Verschenken

Du kennst für manche Produkte sicher jemanden aus deinem Familien- oder Freundeskreis, dem du damit eine große Freude machen würdest. Sei beim Aussortieren nicht übermäßig (ehr-)geizig, sondern denke auch an deine Mitmenschen. Kein Geld der Welt kann die ehrliche Freude eines geliebten Menschen ersetzen, dem du eine kleine Aufmerksamkeit schenkst. Wichtig hierbei ist es in meinen Augen, nicht zu erwartungsvoll zu sein. Vielleicht liegst du bei der einen oder anderen Annahme falsch – und deine Mitmenschen haben vielleicht doch keine Verwendung für die Produkte. Das ist dann nicht böse gemeint. Zwing ihnen deine Geschenke nicht auf, nimm sie wieder mit und sortiere sie auf die anderen Stapel.

Spenden

Bücher, CDs und DVDs lassen sich hervorragend spenden. Denk nur mal an Bibliotheken, Kindergärten, Schulen oder Hilfsorganisationen. Sogar in manchen Cafés gibt es sogenannte Büchertausch-Aktionen, bei denen du Bücher abgeben kannst, die sich dann andere Menschen mitnehmen können. Vielleicht findest du dabei ja auch ein paar spannende neue Bücher, die du bisher noch nicht gelesen hast oder lernst nette Menschen kennen?

Hieran merkst du, dass es gar nicht immer darum geht, maximalen monetären Gewinn aus deinen Sachen zu ziehen. Es geht auch um die emotionale Komponente. Wenn du gibst, ohne eine Gegenleistung zu erwarten, fühlst du dich selbst viel besser. Wir sprachen bereits darüber, dass man mit Konsum kein Glück kaufen kann. Mit Minimalismus kannst du aber andere Menschen glücklich machen – und damit auch dich selbst, wie dieses Beispiel zeigt.

Und einen Gewinn, wenn du noch ein Argument für eine Spende brauchst, erzielst du so oder so: mehr Platz und weniger Ballast.

Wegschmeißen

Bis hierhin haben die Stapel keine Reihenfolge. Mache es, wie es für dich am besten passt. Wenn du aktuell Geld brauchst, verkaufe mehr Sachen. Wenn du selbst zufrieden bist und nicht auf das Geld angewiesen, mache noch mehr Menschen eine Freude. Oder finde einen guten Mix. Wegschmeißen ist die letzte Option für alles, was überbleibt. Insbesondere bei Büchern empfinde ich das aber als falsch. Es sollten sich Abnehmer – ob nun Käufer, Beschenkte oder Hilfsorganisationen – finden lassen, die mit den Büchern mehr anfangen können als du.

Es gibt neben Büchern aber noch ein anderes Printprodukt, das wir gerne mal im Überfluss sammeln: Magazine und Kataloge. Nichts gegen die Neuheiten der Mode oder des schwedischen Raumdesigns, auf keinen Fall. Ich blättere auch gerne mal durch die Seiten, schaue mir neue Trends an und lasse mich inspirieren. Zudem lese ich liebend gerne journalistische Wochenmagazine, und auch wenn es die inzwischen auch als schicke E-Paper gibt, mag ich das physische Blättern doch immer noch sehr gerne. Das Problem ist, dass wir gerne mal vergessen, diese ganzen Hefte, Magazine und Kataloge auszusortieren. Aus diesem Grund kam irgendwann mal jemand auf die Idee, Zeitungsständer zu erfinden, aus Rattan oder so etwas in der Art. Und als die nicht mehr ausgereicht haben, wurden ganze Zeitungskörbe daraus. Wenn du jetzt auf der Couch sitzt und dieses Buch liest, könnte ich mit einiger Wahrscheinlichkeit richtig liegen, würde ich darauf wetten, dass du gerade nach schräg links oder rechts geschaut und mit dem Kopf genickt hast.

Diese ganzen Hefte sind im Grunde nichts mehr wert. Verkaufen kannst du sie nicht, verschenken vielleicht nur, wenn du zufällig jemanden kennst, der den »SPIEGEL« von vor drei Wochen wegen dieser einen Reportage noch lesen möchte, und eine Spende macht auch keinen Sinn. Bleibt nur die fachgerechte Entsorgung. Das ist wichtig, um das Recyceln zu ermöglichen, das massig Ressourcen spart. Im Vergleich zu Frischfaserpapier spart man damit neben zusätzlichem CO2, Chemikalien und Abgasen über 60 Prozent Energie und noch mehr Wasser.

Da viele Magazine sogenannte Hochglanzmagazine sind (also nicht aus dem typisch matten Papier bestehen), stellt sich die Frage: Wohin damit? Die Antwort ist ganz simpel: Ganz normal ins Altpapier. Die Lacke werden beim Recyceln aus dem Altpapier gelöst.

So schnell geht es, da ist das eine oder andere Regal schon leer. Falls dich das nervös macht: keine Sorge, das ist normal. Leerer Platz setzt uns unbewusst unter Druck, ihn zu füllen. Diesem Impuls gilt es gerade am Anfang zu widerstehen. Vielleicht, indem du das Regal gleich auch abbaust und auf einem der oben genannten Marktplätze anbietest?

ELEKTRONIK.

2015 lagen in deutschen Schubladen laut einer Untersuchung des Verbandes BITKOM 100 Millionen Alt-Handys. Heute sind es vermutlich deutlich mehr. Nur jeder Zweite hat, derselben Untersuchung nach, überhaupt jemals ein Alt-Handy entsorgt. Von allen möglichen Kabeln, Adaptern, Hüllen und sonstigem Zubehör mal abgesehen. Dazu kommen dann noch alte Computer, Tablets, Festplatten, CD-, DVD-, Bluray- und MP3-Player, Radios, Spielekonsolen und Spiele, Toaster, Waffeleisen und andere Küchengeräte, Lampen, Kameras, Mikrofone, Fernseher und Fernbedienungen, Receiver, Bildschirme, Tastaturen, Mäuse – soll ich weitermachen?

Bei mir hatten diese Dinge immer einen festen Platz: Eine der 16 Kisten in einem dieser weißen, großen 4x4-IKEA-Regale. Und dann irgendwann eine zweite Kiste, weil die eine Kiste nicht mehr ausgereicht hat, um meinen ganzen Elektroschrott zu verstauen. Merkst du, wie absurd das klingt? Wir lagern Müll. So einfach ist das. Und im Falle von Elektronik sogar noch Müll, der zu einem Teil aus nicht ganz unwichtigen Ressourcen besteht. Wenn dir dafür eine plausible

Erklärung einfällt, freue ich mich sehr darauf, wenn du mir eine Nachricht schreibst, denn mir selbst fällt wirklich keine ein.

Bei den meisten Elektrogeräten ist es leider so, dass sie schnell im Wert fallen, weil die technische Entwicklung so schnell voranschreitet. Wenn du heute einen Fernseher kaufst, stehen die Chancen nicht schlecht, dass es nächste Woche wieder einen Fernseher gibt, der besser, dünner oder leistungsfähiger ist.

Hier gibt es nur wenige Ausnahmen bei einigen Marken, etwa Apple, deren Produkte etwas wertstabiler sind und meistens auch nach einigen Jahren noch gutes Geld einbringen können. Zudem kann es natürlich sein, dass es für manche Produkte – ich denke da vor allem an Spielekonsolen oder Spiele – einen Sammlermarkt gibt. Der überwältigende Rest ist allerdings schon ein paar Jahre nach unserem Kauf nahezu wertlos oder hat sehr stark an Wert verloren.

Hier bietet sich wieder unser Vier-Stapel-System an, das ich nun etwas kürzer halten werde, weil du das Grundprinzip ja bereits kennengelernt hast.

Verkaufen

Hier landen die genannten Marken und Produkte: Apple-Geräte, Spielekonsolen und Spiele. Beim Rest kannst du natürlich ebenfalls kurz auf den einschlägigen Online-Marktplätzen checken, ob es einen Käuferkreis gibt.

Hier bieten sich dann auch wieder Rebuy und vergleichbare Portale an, die ausgewählte Elektrogeräte mit einem kurzen Fragebogen bewerten und dir dann ein Angebot machen.

Verschenken

Sofern du keine Sammler oder Alt-Elektronik-Fans in deinem direkten Umfeld hast, dürfte dieser Stapel wahrscheinlich eher kleiner bleiben. Das ist bei Elektronik ganz normal.

Spenden

Spenden lassen sich sicher einige Geräte. Ich denke da insbesondere an intakte CD-, DVD-, Bluray- und MP3-Player, Fernseher und Radios, mit denen du vielleicht einer Familie, der es nicht so gut geht, den Tag versüßen kannst. Hier wäre meine erste Empfehlung, an Hilfsorganisationen in deiner Nähe heranzutreten und zu fragen, was diese gebrauchen können. Manche Organisationen holen die Geräte sogar, für dich sehr bequem, bei dir ab.

Wegschmeißen

Meiner Erfahrung nach wird dieser Stapel leider mit am größten werden. Allerdings darfst du Elektronik nicht einfach so in den Hausmüll werfen – und aus ökologischen Gründen solltest du das auch nicht machen. Schließlich befinden sich in den Geräten viele Stoffe, die giftig oder gefährlich sind und sachgerecht vernichtet oder weiterverarbeitet werden müssen. Zudem können Elektronikgeräte viele wertvolle Kleinteile enthalten, wie etwa Gold, Kupfer oder Zinn. Diese werden bei richtiger Entsorgung aus den übrigen Bestandteilen extrahiert und wiederverwendet.

Hier ein paar schnelle Tipps, wie du Elektroschrott fachgerecht entsorgen kannst, um der Umwelt etwas Gutes zu tun oder sie zumindest nicht noch unnötig zu belasten.

Batterien

Batterien kannst du in vielen Supermärkten inzwischen in einer Kiste entsorgen. Einfach beim nächsten Einkauf mitnehmen und reinwerfen.

Großgeräte

Seit 2015 sind Geschäfte und Online-Händler ab einer Verkaufs- bzw. Lagerfläche von 400 Quadratmetern dazu verpflichtet, bei einem Neukauf das alte Gerät zurückzunehmen.

Nun ist es natürlich nicht ganz einfach abzuschätzen, wie groß 400 Quadratmeter sind (ungefähr eine halbe Schulturnhalle) und wie groß die Lagerfläche eines Händlers ist. Sprich dazu einfach bei der Beratung mit dem Verkäufer darüber.

Kleingeräte

Dasselbe Gesetz verpflichtet die Händler mit der angegebenen Fläche von 400 Quadratmetern auch dazu, kleinere Geräte bis 25 Zentimetern Kantenlänge anzunehmen, und das sogar dann, wenn du nichts Neues kaufst. Damit du ein Gefühl für diese Länge bekommst: Ein aktuelles Smartphone oder ein gewöhnlicher Kugelschreiber haben eine Kantenlänge von ca. 15 Zentimetern. In diese Kategorie fallen also doch schon einige Geräte: MP3-Player, kleine Radios, Handys oder Rasierer.

Online-Dienste

Es gibt einige Online-Services und -Projekte, denen du Geräte schicken kannst. Diese recyceln oder reparieren diese Produkte dann und verkaufen sie weiter, manche spenden sogar für den guten Zweck, wenn du ein Produkt einsendest. Da diese Projekte regelmäßig gegründet und auch wieder eingestellt werden, möchte ich an dieser Stelle keines empfehlen und dich zu einer eigenen Recherche im Internet animieren.

Wertstoffhof

Was nun noch übrig ist, kannst du im Wertstoffhof in deiner Nähe abgeben.

Ich mache beim Ausmisten von Elektroschrott eine kleine Ausnahme: Kabel. Natürlich hebe ich nicht jedes Kabel auf, beispielsweise solche mit überholten Scart-Anschlüssen von sehr alten Fernsehern. Aber vielgenutzte Kabel wie etwa USB-Kabel sammle ich in einer kleinen Kiste, da ich für mich die Erfahrung gemacht habe, dass ich irgendwann dann doch immer wieder mal ein Kabel verlege oder kaputt mache. Als Technik-Journalist ist es daher nicht ganz verkehrt, vorbereitet zu sein.

Alleine durch das Ausmisten meiner Alt-Elektronik konnte ich bei mir zwei große Kisten ausmisten, die überwiegend aus Müll bestanden – voller Rohstoffe, die nun wiederverwertet werden können. Wie viel Elektroschrott liegt bei dir in Schubladen und Kisten verteilt?

Neben den ganzen Gerätschaften gibt es noch einen weiteren Bereich, der zwar wenig wiegt, dafür aber sehr viel Volumen einnimmt und in manchen Haushalten ganze Kellerräume, Garagen oder Abstellkammern füllt: Verpackungen. Bei mir war das ähnlich: Ich habe die Verpackungen aller technischen Geräte aufgehoben. »Für den Fall, dass mal was mit dem Gerät ist« oder »damit verkauft es sich irgendwann mal besser« waren die Gründe bei mir und ich möchte wetten, dass es bei dir ähnlich ist.

Der Grundgedanke dahinter ist absolut richtig. Es gibt aber einige Mythen, die sich sehr hartnäckig in der Gesellschaft halten. Es macht also Sinn, genau auf die gesetzlichen Bestimmungen zu schauen, bevor wir entscheiden, ob wir Verpackungen aufheben.

Kleine Warnung: Jetzt wird es kurz etwas trocken, aber es wird dir nützlich sein – versprochen!

Zunächst einmal müssen wir den Unterschied zwischen einer Gewährleistung und einer Garantie klären. Die Gewährleistung ist bei Neuwaren gesetzlich auf 24 Monate festgelegt, bei Gebrauchtwaren liegt sie bei zwölf Monaten. In diesem Zeitraum können wir Kunden beim Verkäufer die Produkte reklamieren, wenn sie von Anfang an Schäden hatten.

Wichtig: Nach sechs Monaten kehrt sich die Beweislast sowohl bei den Neu- als auch bei den Gebrauchtwaren um. Ab dann müssen wir als Kunden beweisen, dass der Schaden von Beginn an vorlag und nicht wir selbst dafür verantwortlich sind.

Die Garantie hingegen ist freiwillig und kann entweder vom Hersteller des Produktes oder vom Händler gegeben werden. Dann spricht man von Herstellergarantie oder Händlergarantie. Diese kann ganz frei von den Herstellern oder Händlern bestimmt werden. Beispiele, die wir alle schon einmal gehört haben, sind etwa die Zufriedenheitsgarantie, die Haltbarkeitsgarantie oder die Preisgarantie. Egal, welche Garantien dir die Hersteller oder Händler aussprechen, die Gewährleistung bleibt davon unberührt.

Wenn wir nun befürchten, dass an dem gekauften Produkt etwas dran sein könnte, was wir zum aktuellen Zeitpunkt noch nicht sehen können, dann können wir im Rahmen der Gewährleistungsfrist das Produkt auch ohne Originalverpackung zurückgeben.

Bei der freiwilligen Hersteller- oder Händlergarantie hingegen kann unser Gegenüber die Originalverpackung verlangen. Wenn es keine freiwillige Garantie gibt, kann es also schon sein, dass wir die Verpackung überhaupt nicht mehr benötigen. Schließlich greift bei einem Mangel die Gewährleistung und die darf nicht durch eine fehlende Verpackung eingeschränkt werden.

Es gibt aber noch einen weiteren Fall: das Rückgaberecht. Beim Online-Shopping haben wir ein Rückgaberecht von 14 Tagen. Dieses Recht gibt es aber nicht im Handel vor Ort. Trotzdem bieten viele Händler eine solche Option an – meistens um einen guten Service zu demonstrieren und Vertrauen zu schaffen.

Hierfür sollten wir die Originalverpackung des Produktes dann aber auch mitbringen. Existiert eine solche Option bei deinem Händler, dann kann es also Sinn machen, die Verpackung für diesen Zeitraum aufzubewahren.

Fernab möglicher Mängel, Garantien und Gewährleistungen ist eine weitere Option natürlich immer der Verkauf der Waren, die auf dem entsprechenden Stapel in unserem Vier-Stapel-System landen. Das ist aber eine individuelle Abwägungssache, die von dem einzelnen Produkt abhängt. Wichtige Fragen, die wir uns hierbei stellen können, sind etwa:

Hat das Produkt einen Sammlermarkt?

Wenn ja, dann kann es Sinn machen, die Verpackung aufzuheben. Alte Spiele oder Konsolen haben so einen Markt manchmal. Ist die Verpackung dabei und bestenfalls noch in einem guten Zustand, kann das den Preis erheblich steigern.

Wie viel ist das Produkt beim Verkauf mal wert?

Du kaufst dir heute ein Smartphone für 300 Euro, das du vielleicht fünf Jahre intensiv benutzt. Wenn es nicht gerade ein Apple-Gerät ist, dürfte der Wiederverkaufswert ein Bruchteil deines Kaufpreises sein.

Lohnt es sich hier tatsächlich, die Verpackung aufzuheben, oder ist sie für einen potentiellen Käufer wichtig?

Ändert die Verpackung substantiell etwas am Verkaufspreis?

Das ist zum Beispiel bei Geräten der Fall, die eben nach Jahren noch einen halbwegs stabilen Wert haben (Beispiel: Apple) oder bei Sammlerstücken. Hier kann es sich natürlich lohnen, die Verpackung aufzuheben, um irgendwann einmal deutlich mehr Restwert zu erzielen.

Ist die Verpackung anderweitig wichtig?

Der Fernseher, den du fünf oder acht Jahre lang nutzt, ist ein Beispiel für die Kategorie: Beim Verkauf wahrscheinlich fast wertlos. Auch hier schlägt der rasende technische Fortschritt knallhart zu. Wenn du aber fragile Produkte wie einen (Fernseh-)Bildschirm schneller mal austauschst, macht die Verpackung trotzdem Sinn, weil sie einen praktischen Nutzen hat. In dem Fall: Der Schutz des Gerätes. Dieser Punkt ist auch bei Umzügen nicht zu unterschätzen.

Unter dem Strich können wir also festhalten: Verpackungen sind gar nicht so wichtig, wie wir oftmals denken. Hier sollten wir individuell für jedes Produkt entscheiden, ob es Sinn macht, die Verpackungen auszumisten und sehr viel Volumen zu gewinnen. Wenn du dich aus Gründen einer Garantie dazu entscheidest, die Verpackung aufzuheben, lohnt sich dennoch regelmäßig der Check, ob die Garantie-Bedingungen auch noch gelten oder ob sie vielleicht schon abgelaufen sind. Wenn bei dem Produkt dann durch die Verpackung keine nennenswerte Preissteigerung mehr zu erwarten ist: weg damit, Platz schaffen, Ballast über Bord werfen.

KLEIDERSCHRANK.

Mein Kleiderschrank besteht mittlerweile aus unter 25 Teilen. Vor einigen Jahren waren es weit über 100 Teile. Damit lag ich laut einer repräsentativen Greenpeace-Umfrage von 18- bis 69-Jährigen aus dem Jahr 2015 ganz gut im Durchschnitt. Demnach hat jeder Deutsche im Schnitt 95 Kleidungsstücke, 60 neue kommen pro Jahr hinzu, die alte Kleidung tragen wir nur noch halb so lange wie vor 15 Jahren.

Ich habe meinen Besitz an Kleidung in den letzten Jahren um 75 Prozent reduziert. Dazu musst du wissen, dass ich überhaupt kein Mode-Freak bin. Shopping macht mir keinen Spaß, es stresst mich eher. Ich bin froh, wenn ich etwas Passendes finde, das passt und halbwegs gut aussieht, dann bin ich auch schon glücklich. Einzig bei Schuhen bin ich deutlich wählerischer. Warum das so ist, weiß ich nicht. Spielt aber auch keine Rolle.

Das Problem ist also nicht gewesen, dass ich zu viel neue Kleidung gekauft habe. Das Problem war, dass ich zu wenig alte Kleidung aussortiert habe. Das Resultat: Ein großer Kleiderschrank, voll mit meinen alten Sachen, die mir entweder nicht mehr richtig passen, die ausgewaschen oder völlig aus der Mode sind. Den Kleiderschrank habe ich zwar noch, heute passt mein Besitz aber gut auf anderthalb Regalbretter.

Am meisten habe ich bei den T-Shirts eingespart. Dort haben sich teilweise noch Sachen aus meiner Schulzeit gefunden, natürlich ewig nicht getragen, aber doch immer da, platzfressend und chaosstiftend. Hier habe ich kürzlich einen radikalen Cut gemacht: Alle T-Shirts ausnahmslos raus, neue T-Shirts rein. Und so sind alle meine T-Shirts entweder verschenkt und gespendet worden oder auf den Müll gewandert. Meine neue modische Linie, nennen wir es einfach so, verdanke ich Facebook-Gründer Mark Zuckerberg.

Der trägt jeden Tag das gleiche graue T-Shirt. Der Grund: Er will so wenige unnötige Entscheidungen wie möglich treffen, weil jede Entscheidung, wenn auch nur minimal, Zeit und Energie kostet. Wie oft hast du schon vor dem Kleiderschrank gestanden und überlegt, was du anziehen sollst, was zusammenpasst, was überhaupt noch passt? Wenn du jetzt leise »oft« gemurmelt hast, kennst du das Problem.

Mir war eine Farbe etwas zu langweilig, daher habe ich mich für vier Farben entschieden – weiß, dunkelblau, dunkelgrau und weinrot – und mir jeweils zwei T-Shirts pro Farbe gekauft. Wenn du nur vier meiner YouTube-Videos gesehen hast, kennst du bereits alle T-Shirts, die ich besitze. Die T-Shirts sind bis auf die Farbe alle identisch. Sie passen, lassen sich mit jeder meiner Hosen ideal kombinieren und ausgehend von der Annahme, dass wir einmal pro Woche Wäsche waschen, komme ich mit acht T-Shirts super durch die Woche.

Seit dieser Umstellung gehe ich morgens zum Kleiderschrank, nehme mir das oberste T-Shirt, ziehe es an und bin fertig. Das mag vielleicht übertrieben wirken, aber nur zwei Minuten, die du jeden Morgen vor dem Kleiderschrank stehst, addieren sich auf ein 80-jähriges Leben zu über 40 Tagen verschwendeter Lebenszeit auf – von einigen nervigen Entscheidungen und dem Frust über das zu enge T-Shirt, das man sich vor acht Jahren mal gekauft hat, ganz abgesehen. Dazu kommen zwei lange Hosen, zwei kurze Hosen, zwei Pullover, zwei Jacken, zwei Hemden und einige Sport- und Couchsachen. (Wer mitgerechnet hat: Schuhe, Unterwäsche und Socken zähle ich hier nicht zu den 25 Teilen.)

Geholfen bei diesem nicht ganz leichten Schritt, gleich einmal alles rauszuwerfen, hat mir die Frage, was ich wirklich von all den Klamotten trage. Die Antwort: Vielleicht 15 Prozent und ein paar Teile als Backup. Diese 15 Prozent – das können bei dir je nach Bedarf natürlich mehr oder weniger Teile sein – rotieren an der Oberfläche zwischen den Waschgängen, während der Rest im Untergrund immer mehr in den hinteren Ecken des Kleiderschrankes verschwindet. Zwischen manchen T-Shirts hätte ich Diebesgut verstecken können, es hätte niemand jemals entdeckt.

Zu einem ähnlichen Ergebnis kommt auch die angesprochene Greenpeace-Umfrage: Etwa 1 Milliarde Kleidungsstücke der Deutschen werden »selten getragen«, weitere 975 Millionen werden »(fast) nie getragen«.

Dazu kommen etwa 1,3 Milliarden nur »hin und wieder getragene« Klamotten. Das sind über 3,3 Milliarden Kleidungsstücke, die nur wir Deutschen nicht regelmäßig anziehen. Was für eine Zahl, vor allem auch, wenn wir das mal auf die Weltbevölkerung hochrechnen würden.

An Kleidung hängen Erinnerungen und sicher auch der Gedanke an den ursprünglichen Kaufpreis. Gute Fragen, wie du einfach anfangen kannst mit dem Ausmisten des Kleiderschrankes, sind die folgenden, weil sie in uns das triggern, was solche Entscheidungen treffen sollte: unser Verstand.

Wann habe ich dieses Teil zuletzt getragen?

Ich für mich habe ein Jahr als Maximalgrenze angesetzt. Das kannst du ganz individuell nach deinen Vorlieben machen. Alles was darüber lag, flog raus.

Werde ich dieses Teil realistisch je wieder anziehen?

Wenn du ganz ehrlich zu dir bist, ist das eine ideale Möglichkeit, Dinge wegzugeben. Ich konnte bei den meisten Sachen sagen: Nein. Also weg damit!

Passt mir dieses Teil eigentlich noch richtig gut?

Wenn nein: Weg damit! Und nein, »ich behalte es als Motivation, endlich wieder Sport zu machen« ist kein Argument.

So funktioniert Motivation bei den meisten Menschen nicht. Mehr dazu in ein paar Sätzen.

Fühle ich mich in diesem Teil noch wohl?

... oder habe ich mich jemals darin wohlgefühlt? Kennst du diesen Moment, wenn du im Geschäft etwas kaufst, was du wunderschön gefunden hast, du aber dann im Alltag merkst, dass du dich darin gar nicht richtig wohlfühlst? Ich weiß noch, wie ich in meiner Jugend jahrelang eine Hose besessen habe, in der ich nicht an mir runterschauen wollte, weil ich mich darin so unwohl gefühlt habe.

Warum ich sie so lange behalten habe? Du kennst diese Sätze, weil du dir sie selbst schon oft gesagt hast: »Aber das Teil ist ja noch gut«, »zum Wegschmeißen ist es zu schade«, »wenigstens passt es«, »es hat mal viel Geld gekostet« und so weiter.

Unter dem Strich ist das alles Quatsch, weil dieses Beispiel perfekt illustriert, was wir Minimalisten damit meinen, dass uns Dinge, die wir besitzen, belasten und uns Energie rauben können.

Haben sich meine Lebensumstände geändert?

Hast du mal einen Beruf ausgeübt, der dich überhaupt nicht glücklich gemacht hat, für den du aber eine bestimmte Kleidung tragen musstest? Hast du mal einen Sport gemacht, den du heute nicht mehr machst, machen willst oder machen kannst? Oder haben sich andere Dinge in deinem Leben geändert, wegen derer du gewisse Kleidung nicht mehr tragen möchtest? Weg damit!

Seit ich meinen Kleiderschrank so radikal ausgeräumt habe, kommt mir gar nicht mehr in den Sinn, etwas Neues zu kaufen. Die Fallhöhe, meinen wunderschön aufgeräumten und minimierten Kleiderbestand durch Neukäufe zu gefährden, ist mir einfach zu groß.

Bei unserem Vier-Stapel-System wird der Spenden-Stapel wahrscheinlich am größten sein. Wichtig ist allerdings, wohin wir spenden. Denn leider hat sich rund um Kleiderspenden eine ganze illegale Industrie gebildet, deren Ziel es ist, noch intakte Kleidung kostenlos abzugreifen und dann damit selbst Kasse zu machen. Die einfachste Möglichkeit, seine Kleidung an seriöse, wohltätige Zwecke zu spenden, ist die lokale Kleiderkammer oder andere Einrichtungen vor Ort. Dort hast du einen direkten Ansprechpartner, kannst dich von den Motiven selbst überzeugen und entscheiden, ob du deine Kleidung dorthin abgeben möchtest.

Wenn nicht, kennst du sicher die Altkleider-Container. Leider ist auch hier inzwischen Vorsicht geboten, weil nicht selten oben genannte illegale Organisationen einfach selbst Container aufstellen. Die Unterscheidung ist für den unwissenden Spender schwer. Und so landen viele Kleiderspenden überall, aber ganz sicher nicht bei Bedürftigen.

Ein guter Anhaltspunkt bei der Suche nach einem seriösen Altkleider-Container ist das Label »FairWertung« (ein hell- und dunkelgrünes Logo mit zwei auf sich zeigenden Pfeilen), das transparente Standards aufgestellt hat, der sich die teilnehmenden Organisationen verpflichten müssen. Es gibt drei Optionen, was aus den gespendeten Kleidungsstücken wird:

- Direkte Spenden an Bedürftige
- Verkauf und dann Geldspenden vom Erlös
- Recycling (zum Beispiel zu Putzlappen)

Noch einfacher machen es dir Organisationen wie die Deutsche Kleiderstiftung, auf deren Website du dir einen Versandschein ausdrucken kannst, mit dem du die Kleidung dann kostenlos dorthin schicken kannst. Auch die Deutsche Kleiderstiftung ist übrigens »FairWertung« angeschlossen.

Möchtest du die Kleidung lieber verkaufen, gibt es dafür auch einen Markt auf diversen Plattformen. Wenn du gute Markenware hast, die noch gut in Schuss ist, kannst du hier Apps wie Kleiderkreisel, Momox (und dort der Bereich Momox Fashion) oder eBay-Kleinanzeigen ausprobieren.

Bei Kleidung eignet sich aber auch noch ein weiteres System, auf das ich später noch im Detail eingehen werde: Ich nenne es »1 In, 1 Out«. Du kannst dir sicher schon denken, worum es dabei geht: Für jedes Teil, was du dir von nun an neu kaufst, sortierst du ein Teil aus. Ich habe eingangs dieses Buches gesagt, dass Minimalismus für mich kein Zustand oder Ziel sei, sondern eine Lebensweise.

Es reicht also nicht nur, den Status Quo einmal umzukrempeln und von nun an wie von selbst minimalistisch zu leben. Die Veränderung findet viel tiefer statt als bei der reinen Anzahl der Gegenstände, die wir besitzen. Sie beginnt in uns, als Bedürfnis oder Idee, als Wunsch nach einer Veränderung. Diese Veränderung wird uns langfristig nicht glücken, wenn wir nicht auch daran glauben, dass das, was wir tun, richtig ist und uns glücklich macht.

Erinnere dich mal an eine geplante Veränderung in deinem Leben. Vielleicht wolltest du dich gesünder ernähren, auf Zucker verzichten oder mehr Sport treiben. Kennst du die anfängliche Motivation, die dann nach und nach weniger wird, bis man letztendlich wieder zurück in alte Muster verfällt?

Der Grund dafür ist der Glaubenssatz, der unserer Motivation zugrunde liegt. Wenn wir weniger Zucker zu uns nehmen möchten, weil uns jemand sagt, dass Zucker nicht gut für uns ist, wird das nicht funktionieren. Ich weiß, wovon ich spreche – ich habe es mehrfach versucht und bin damit gescheitert.

Irgendwann habe ich dann eine Dokumentation darüber gesehen, was Cola mit unserem Körper macht und wie die Phasen sind, die unser Körper nach der Aufnahme durchläuft. Die Glücksgefühle, der Energiekick – aber auch die Trägheit in der Folge, die Risiken schwerer Krankheiten, den Kampf, den jede Dose Cola unserem Körper bereitet. Zusammengefasst also alles, was ich selbst bei mir beobachtet habe, jedes Mal, wenn ich mal zu viele Süßigkeiten oder Süßgetränke zu mir genommen habe.

In diesem Moment hat sich in mir etwas verändert. Ich habe die Glaubenssätze, die ich mein Leben lang aufgebaut habe, selbst nicht mehr verstanden und geglaubt. Von diesem Moment an vor über zwei Jahren habe ich keine Cola mehr getrunken und meinen Zuckerkonsum drastisch reduziert – ein halbes Jahr lang habe ich, als Selbstexperiment, sogar komplett auf Zucker verzichtet.

Das Interessante daran ist, dass es sich seit diesem Moment nicht mehr wie Verzicht angefühlt hat. Es war keine »Arbeit« mehr, auf Zucker zu verzichten. Aus »ich will das jetzt« wurde »ich bin glücklicher so« – und ist das nicht bei allem im Leben das Ziel?

Genau so funktioniert Minimalismus. Wenn es ein Lifestyle wird, hinter dem du stehst (und das geht schnell, das kann ich dir versprechen), brauchst du gar keine Strategien mehr, um gegen »all den Verzicht« anzukämpfen. Irgendwann wird der (übermäßige) Konsum zur Last, nicht mehr der Verzicht oder die Reduktion.

Ist dieser Schritt einmal gemacht, ist mein bereits erwähntes »1 In, 1 Out«-Prinzip ideal geeignet, um auch fortlaufend minimalistisch zu leben. Wie funktioniert es also? Wir haben ja schon festgestellt, dass es nur eine begrenzte Anzahl an Kleidungsstücken gibt, die wir wirklich tragen. Kommen nun wieder Teile hinzu, fallen hinten ganz logisch Teile »herunter«, die wir nicht mehr anziehen.

Um das zu verhindern, sortiere ich für jedes Teil, das ich mir kaufe, etwas anderes aus. Das mache ich übrigens nicht nur bei Kleidung so, sondern auch bei fast allem anderen: Kaufe ich mir einen neuen Stuhl, fliegt der alte raus. Kaufe ich mir ein neues Smartphone, verkaufe ich das alte über die weiter oben genannten Marktplätze.

So bin ich trotz Minimalismus nicht gezwungen, auf neue Dinge gänzlich zu verzichten – aber ich gehe viel bewusster mit Neukäufen um.

Schließlich muss ich mich bei jedem Kauf fragen, ob ich dafür wirklich etwas anderes aussortieren möchte oder der Aufwand nötig ist. Meistens ist die Antwort: nein.

Probiere das einfach einmal aus, wenn du dir das nächste Mal überlegst, etwas Neues zu kaufen. Es bewirkt Wunder. Vor allem auch deshalb, weil du, wenn du dann doch die Entscheidung triffst, es zu kaufen, genau weißt, dass es die richtige Entscheidung war. Du wirst also dazu gezwungen, dich selbst rückzuversichern und nicht blind einzupacken.

Alleine dieser Zwischenschritt schafft schon eine Reflexion, die dir in vielen Bereichen deines Lebens nützlich sein wird. Wenn sich das jetzt für dich liest, als müsstest du dich wahnsinnig einschränken: Keine Sorge, so ist es nicht. Ich gehe hierbei davon aus, dass der Minimalismus für dich bereits zum Lifestyle geworden ist.

Und wenn dem so ist, dann wirst du – nach meiner Erfahrung – nach jedem »Nein, dieses Teil nicht!«, das du im Laden leise zu dir sagst, stolz und glücklich sein und nichts vermissen.

Und im Umkehrschluss wirst du dich noch mehr freuen, wenn du nach einer kurzen Rückversicherung mit dir selbst dann doch mal murmelst:

»Genau das ist es!«

NACHHALTIGKEIT.

Kennst du die englische Modedesignerin Vivienne Westwood? Ich möchte dieses Kapitel gerne mit einem Zitat von ihr beginnen, weil es wunderbar zu diesem und zum vorangegangenen Kapitel über unsere vollen Kleiderschränke passt. Vivienne Westwood sagte einmal:

Buy less. Choose well. Make it last.

Minimalistisch zu leben bedeutet auch nachhaltig zu leben. Wir leben in einer Welt, in der Wegwerfen zum Volkssport geworden ist. Wir konsumieren und entsorgen, wir belasten die Umwelt und produzieren Müll. Erinnerst du dich an die Zahl nicht mindestens regelmäßig getragener Kleidungsstücke?

All diese 3,3 Milliarden Kleidungsstücke, die in deutschen Kleiderschränken hängen, mussten irgendwo produziert werden – über die Umstände machen wir uns als Gesellschaft meistens keine Gedanken. Die Produktion kostet Rohstoffe, Energie, produziert CO2 und Abgase. Die Produkte müssen verschifft werden, quer über den Globus in Containern auf riesigen, umweltschädlichen Schiffen oder in Frachtflugzeugen über unseren Köpfen.

Das Ziel dieser langen Reise mit einiger Wahrscheinlichkeit: eine dunkle Ecke unserer Kleiderschränke.

Minimalismus bedeutet natürlich nicht, gar nicht mehr zu konsumieren – das würde ohnehin auf Dauer nicht funktionieren. Aber jedes Teil, das wir weniger konsumieren, ist eine Botschaft an den Handel und die Unternehmen, die die Produkte herstellen. Dazu müssen wir verstehen, dass wir eine Macht gegenüber dem Handel haben. Sinkt der Absatz von Fleisch, während der Absatz von veganen Alternativen steigt, wird sich der Handel umstellen und künftig die Waren anbieten, die nachgefragt werden. Kaufen wir keine Plastiktüten mehr, wird der Handel es mit recycelbaren Papiertüten versuchen.

Natürlich nutzt der Handel jeden Trick, um uns von diesem Bewusstsein abzulenken. Und, zugegeben, natürlich ist die Verlockung, sich bei solchen Themen hinter der großen Masse zu verstecken, groß. Es ist eben einfach, sich einzureden, dass man »als kleiner Bürger« ja nichts verändern kann. Der Logik nach dürfte man zu keiner Wahl mehr gehen, bei keiner Abstimmung mitmachen und sein ganzes Leben lang nur noch das akzeptieren, was einem vorgehalten wird.

Aber genau hier kommt es auf die Verantwortung an, die wir uns, unseren Mitmenschen und unserem Planeten gegenüber haben. Keiner zwingt uns dazu, das unverschämt billige T-Shirt zu kaufen, bei dem wir insgeheim alle wissen, wie es produziert wurde. Einzig der Preis stellt natürlich eine Versuchung dar, es doch mitzunehmen. »Dabei kann man nichts falsch machen« oder »dafür kann man ein T-Shirt immer mal mitnehmen« sind dann die Rechtfertigungen, die wir uns selbst einflüstern. Davon kann ich mich selbst auch nicht freisprechen.

Diese Rechtfertigung hinkt aber. Denn es geht dabei auch um die Qualität und Langlebigkeit der Waren und um unsere Wertschätzung ihnen gegenüber. Ich will nicht sagen, dass teuer immer gleich besser ist – bei Markenware bezahlt man einfach nur für ein simples Logo schon drauf. Aber wer werthaltigere Produkte haben möchte, muss natürlich einen höheren Preis dafür zahlen.

»You get what you pay for« (sinngemäß auf Deutsch: »Qualität hat ihren Preis«) ist hier das Stichwort. Robustere, hochwertigere Stoffe kosten einfach mehr als billige Kunstfasern, die natürlich auch schneller reißen, ausleiern oder anderweitige Schwächen offenbaren. Aber auch die Wertschätzung der Ware gegenüber ist ein wichtiger Punkt, der ganz automatisch zu mehr Langlebigkeit führt. Wenn du mal selbst überlegst, wie du mit einem Smartphone für 1.000 Euro umgehen würdest und wie du mit einem Smartphone für 50 Euro umgehen würdest: Was wären die Unterschiede? Würdest du das 50 Euro Smartphone wirklich genauso in Watte packen wie das Luxusmodell? Wohl eher nicht. Genauso verhält es sich mit allen anderen Dingen. Was ist mit dem T-Shirt für 2 Euro gegen das T-Shirt für 20 Euro – was würde bei dir länger »überleben«?

Versteh' mich bitte nicht falsch: Mir ist bewusst, dass wir alle aufs Geld schauen müssen und nicht »einfach so« mal das Zehnfache für ein T-Shirt bezahlen können, insbesondere wenn die günstigen Verlockungen an jeder Ecke nur auf uns warten und es natürlich auch schwer ist, einzuschätzen, was nun eine gute Mischung aus Qualität, Nachhaltigkeit, Fairness und Preis ist.

Der Trick für diese Entscheidung ist die Langlebigkeit der Produkte. Wenn ich mir 10 billige T-Shirts kaufen muss, während mein teures T-Shirt noch super in Form ist, dann kommt die Rechnung am Ende auf den gleichen Betrag raus. Wenn wir, wie von Vivienne Westwood gefordert, weniger kaufen, dafür aber genauer aussuchen, was wir wirklich wollen und brauchen, und dann dafür sorgen, dass die Sachen lange halten, tun wir nicht nur etwas für uns, sondern auch für unseren Planeten.

Das reduziert nebenbei auch die horrenden Retouren-Quoten, die durch den Online-Handel und den kostenlosen (Rück-)Versand der großen Online-Händler entstanden sind. Pro Minute wurden in Deutschland 2018 nach einer Untersuchung der Forschungsgruppe Retourenmanagement der Universität Bamberg 532 Bestellungen zurück an die Händler gesendet. Das ist jedes sechste Paket, bei Kleidung und Schuhen geht sogar jedes zweite Paket zurück. Neben den Kosten für die Händler – pro Paket rund 20 Euro – belastet das vor allem unsere Umwelt. Der CO2-Verbrauch der Retouren im Jahr 2018 liegt bei geschätzten 238.000 Tonnen. Um das in Relation zu setzen: Das ist in etwa so viel, wie 2.200 Autofahrten von Hamburg bis nach Moskau – pro Tag und für ein ganzes Jahr lang. Wahnsinn, oder?

Wenn wir uns durch unsere minimalistische Lebensweise klarer darüber sind, was wir wirklich brauchen und vor allem, was wir nicht brauchen, bestellen wir automatisch weniger und zielgenauer. Dadurch gibt es weniger Belastung für unseren Planeten und weniger Müll – von den 280 Millionen zurückgeschickten Paketen im Jahr 2018 wurden immerhin 11 Millionen auf dem Müll entsorgt. Ein kleiner Teil, aber doch substantiell genug, um über sein eigenes Kaufverhalten nachzudenken, findest du nicht auch? Minimalismus passt wunderbar zu Nachhaltigkeit und einer insgesamt bewussteren Lebensweise.

Wir können der Wegwerfmentalität aber nicht nur mit weniger und dafür gezieltem Konsum etwas entgegensetzen, sondern auch mit ganz einfachen Dingen wie Reparaturen. Dadurch, dass wir immer günstiger konsumieren können und mit Angeboten, Schnäppchen und Rabatten oder 0-Prozent-Finanzierungen gelockt werden, liegt es oftmals sogar näher, ein Produkt einfach zu ersetzen, statt es sich in Ruhe anzuschauen und vielleicht – natürlich nur dann, wenn Kosten,

Aufwand und Nutzen es zulassen – zu reparieren oder reparieren zu lassen. Dabei rede ich natürlich nicht von T-Shirts oder Socken. Mir geht es um Produkte wie Smartphones, Fernseher, Waschmaschinen, Kühlschränke, Backöfen oder auch Möbelstücke wie Tische, Stühle, Lampen oder Schränke. Produkte, die kostspielig genug sind, damit sich eine Reparatur auch wirtschaftlich rechnet und die man teils mit einfachen Handgriffen reparieren kann.

Natürlich sind wir nicht alle mit einem Meisterbrief als Elektriker auf die Welt gekommen – ich bin dafür das beste Beispiel. Aber ich habe mir mit der Zeit angewöhnt, einfach mal genau hinzuschauen, wie Dinge funktionieren. Als vor nicht allzu langer Zeit einer der Heizstäbe in unserem Backofen kaputt gegangen ist, habe ich mit einem befreundeten Elektriker gemeinsam versucht, das Problem zu lösen. Natürlich war ich ihm dabei mehr Last als Hilfe. Durch viele wahrscheinlich aus seiner Sicht ziemlich beschränkt wirkende Fragen weiß ich nun aber zumindest ansatzweise, wie ein Backofen funktioniert, wie man ihn aus der Kücheneinrichtung löst und wo man zuerst nachschauen kann, wenn es mal wieder zwickt.

Ich würde mir selbstredend nicht zutrauen (und es auch keinem Laien empfehlen), nun einen Backofen, der unter Starkstrom steht, auseinanderzubauen. Aber ich kann seither zumindest grob einschätzen, was für ein Aufwand nötig ist, um solch einen Heizstab zu ersetzen. Wenn unser befreundeter Elektriker mal nicht da sein sollte und ich einen Service-Techniker des Herstellers rufen muss, weiß ich, wovon er redet und wie hoch der Aufwand ist. Ich möchte keinesfalls Handwerker unter einen Generalverdacht stellen. Aber es ist für die wenigen schwarzen Schafe unter den Handwerkern natürlich einfacher, einem absoluten Laien eine zu teure Reparatur (oder gleich ein neues Gerät) anzudrehen, als jemandem, der zumindest Basiskenntnisse hat und auch mal eine kritische Rückfrage stellen kann. Ein gesundes Maß an Neugier kann bei solchen Dingen nicht schaden, und manchmal ist es wirklich nur ein Handgriff oder ein kleines Teil, das ersetzt werden muss, und schon läuft das Gerät wieder. Man muss das nicht alles sofort können und wissen, aber man kann sich auf diese Lernkurve bewusst einlassen. Es bewirkt Wunder, ich kann da aus eigener Erfahrung berichten. Und wenn man wirklich nicht weiterweiß, können der Experte des Vertrauens, eine Internet-Recherche oder die Website und der telefonische Support des Herstellers oftmals weiterhelfen.

Wenn wir wieder häufiger versuchen würden, unsere kaputten Geräte zu reparieren, statt sie zu ersetzen, könnten wir eine große Anzahl an Neuanschaffungen vermeiden. Aber nicht jedes Gerät eignet sich für eine Reparatur. Bei sehr alten Geräten kann es sich vielleicht wirtschaftlich und vor allem ökologisch auch nicht rechnen, es zu reparieren – denken wir da nur mal an die Entwicklungen im Energieverbrauch solcher Geräte im vergangenen Jahrzehnt.

Viele alte Geräte verbrauchen mehr Strom, als mit unserem Gewissen vereinbar sein sollte. Natürlich macht es dann Sinn, das Gerät fachgerecht (wie das geht, haben wir uns ja bereits angesehen im Kapitel über unseren gehorteten Elektromüll) zu recyceln oder vielleicht zu einem Upcycling-Experten zu geben, der etwas ganz Neues daraus erschaffen kann.

Mit wenig Aufwand können wir nachhaltiger und damit auch minimalistischer leben. Bewusster kaufen, mehr Fokus auf Langlebigkeit und eine gesunde Neugier für die Funktionsweise unserer (technischen) Begleiter im Alltag spart

Geld, Ressourcen und schont die Umwelt. Verstecken wir uns nicht mehr hinter der großen Masse. Sorgen wir lieber dafür, dass unsere Stimme und unser tägliches Handeln zählen.

DEKORATION.

Gehörst du auch zu den Menschen, die von überall, wo sie sind, eine Erinnerung brauchen, um die Reise auch ja niemals zu vergessen? In dem Fall hast du sicher auch allerlei kleine Schiffe in Glasfläschchen, bei denen niemand weiß, wie die dort reingekommen sind, zu Abzeichen gepresste Münzstücke, Muschelwasauchimmer, T-Shirts, Taschen oder Pullis mit »I love Urlaubsort« drauf, Schlüsselanhänger, Gläser oder Tassen, irgendwelche »seltenen« Steine oder Kartenspiele mit tollen Postkartenmotiven auf der Rückseite.

Ich kenne das, weil ich auch so war, und mir aus nahezu jedem Urlaub, Freizeitpark oder Kurztrip ein kleines Mitbringsel mitgebringselt habe. Natürlich nie teuer, immer etwas, »das man mal so mitnehmen kann«, und immer schön nutzlos, damit es dann vom Koffer auf das Sideboard im Wohnzimmer oder ein anderes Regal, von dort staubbelegt in eine Schublade oder Kiste, und von dort – ja, wohin eigentlich? – irgendwo anders hin wandern konnte, wo es wahrscheinlich nie mehr auftaucht, wenn nicht zufällig irgendwer mal irgendetwas ganz dringend sucht und noch zufälliger über das »Weißt du noch, damals«-Ding stolpert, es vom Staub befreit und wieder auf das Sideboard im Wohnzimmer stellt.

Das klingt viel negativer, als es gemeint ist. Ich finde es eigentlich überhaupt nicht schlimm, einen Moment so toll zu finden, dass man den völlig natürlichen Drang hat, ihn mit einer materiellen Erinnerung festhalten zu wollen. Das liegt schließlich in unserer Natur. Alles ist so schnelllebig und verändert sich permanent. Das Leben ist ein ständiger Fluss, die Zeit hält nie an und kommt nie zurück. Oder kürzer: Wir haben im Strom des Lebens nichts zum Festhalten. Und immer, wenn uns das bewusst wird, stehen wir rein zufällig gerade direkt vor einem Souvenir-Shop.

Diese Mitbringsel sind im Grunde nichts anderes als eine materialisierte Erinnerung, weil wir Angst haben, diese Erinnerung zu verlieren, wenn wir sie nicht irgendwo einkaufen gehen. Aus demselben Grund machen wir übrigens ständig von allem Fotos. Auch das ist nicht verwerflich, natürlich nicht. Aber wie oft hast du dir schon die Bilder vom Griechenland-Urlaub vor 14 Jahren angesehen?

Wir füllen Megabyte um Megabyte, Gigabyte um Gigabyte, teils sogar ganze Terabyte mit Bildern und Videos, statt Momente intensiver zu erleben und sie einfach aufzusaugen und in uns festzuhalten. Warum? Aus Angst, dass wir einen Schnappschuss und damit eine Erinnerung verpassen. Das ist in gewisser Weise eine Form der Selbstberuhigung für uns. Wenn ich alleine daran denke, wie oft ich bei einem wunderschönen Sonnenuntergang vom Balkon in die Wohnung gerannt, mein Smartphone geholt und fünf bis dreiundvierzig Bilder davon gemacht habe, statt mal durchzuatmen und die Atmosphäre zu genießen, nur um diese Bilder nie wieder anzusehen und auf einer Festplatte in einem beliebigen Backup digital einstauben zu lassen. Aber immerhin habe ich ein Bild davon, nur für den Fall natürlich, dass ich mich doch mal daran erinnern möchte.

Wir brauchen diese Form der Beruhigung also so, wie ein Schiff auf hoher See seinen Anker braucht. Mit dem Unterschied, dass wir uns unsere Positionen und Stationen im Leben merken und einprägen können, immer abrufbar, intensiver, als es das tollste Bild jemals könnte. Seit einigen Jahren versuche ich statt Staubfängern ganz einfach intensive Momente zu sammeln. Erinnerungen, Gespräche, Blicke, Gerüche, Atmosphäre, Temperatur, Geräusche – all das können wir abspeichern. Und obwohl unser Gedächtnis so selbstverständlich für uns ist und wir das ganz genau wissen, trauen wir dem Braten nicht und materialisieren uns mit Staubfängern diese Beruhigungen herbei.

Wenn du den Gedanken, darauf künftig zu verzichten, nun ungewohnt oder komisch findest: Keine Sorge, wenn du dich im Minimalismus anfängst wohlzufühlen, dann wird sich das bald ohnehin von alleine geben, da materieller Besitz immer unwichtiger für dein persönliches Glück wird. Bis dahin können ein paar einfache Fragen aber schon dabei helfen, diesen natürlichen Reflex zu übergehen. Ich habe sie eben schon erwähnt:

- Wie oft schaue ich mir diese Gegenstände wirklich noch intensiv an und empfinde dabei Freude und Glück?
- Wie oft schaue ich mir alte Fotos und Videos an, und brauche ich wirklich von jedem Moment ganz viele Schnappschüsse?
- Bringt mir der Gegenstand einen Nutzen oder fordert er meine Ressourcen (wie zum Beispiel Zeit beim Staubwischen)?

Wenn du dir diese Fragen im nächsten Souvenir-Shop oder beim Impuls, jetzt schnell deine Kamera holen zu müssen, stellst und ehrlich beantwortest, wirst du vermutlich in den meisten Fällen auf den Kauf oder das Bild verzichten und dafür ganz neue Seiten entdecken, Momente intensiver wahrnehmen und genießen. Und wenn die Antwort für dich trotzdem »ja, ich möchte dieses Souvenir mitbringen« oder »ja, ich möchte dieses Foto machen« ist, dann bitte kaufe das Souvenir und mache das Foto, dagegen spricht überhaupt nichts.

Die Frage, wie wir im Minimalismus mit Dingen umgehen können, die einen emotionalen Wert für uns haben, ist schwer zu beantworten und sehr individuell. Ich habe es für mich so gelöst: Wenn mich das Stück glücklich macht, mich lächeln lässt und ich Schmerz bei dem Gedanken empfinde, es loszulassen, dann behalte ich es. Dann hat es sich seinen Platz in meinem Leben redlich verdient. Das meine ich damit, dass wir uns unseren Minimalismus selbst erschaffen können, wie er für uns perfekt passt. Die einen leben komplett ohne Sentimentales, die anderen horten kistenweise Erinnerungsstücke. Beides ist in Ordnung und widerspricht nicht dem minimalistischen Grundgedanken.

Minimalismus bedeutet nicht zwingend, nur radikal auszumisten und sein Leben mit einem Minimalbesitz zu leben. Minimalismus bedeutet vor allem, seinen Besitz zu hinterfragen und sich darüber klar zu werden, was eine Bereicherung und was eine Belastung ist. Ist ein Teil, etwa dein Urlaubssouvenir, eine Bereicherung für dich, behalte es. Ist es nur ein weiterer Staubfänger in deinen vier Wänden, kannst du es mit gutem Gewissen und Dankbarkeit loslassen. Der Minimalismus sollte dir dienen und dich nicht zwingen, Dinge zu tun, die dir wehtun. Gerade bei Dingen mit hohem emotionalem Wert ist das nicht zu unterschätzen.

Hör auf dich und zwing dich nicht zu etwas, das du nicht willst. Bei den Dingen, die wir loslassen wollen, stellt sich natürlich die Frage, wie genau wir das am besten schaffen. Für mich ist Dankbarkeit ein enorm wichtiger Faktor beim Ausmisten von emotionalen Gegenständen. Ein kurzes Innehalten mit Dankbarkeit für die tollen Erlebnisse und das Bewusstsein, dass wir keine Staubfänger in Schubladen brauchen, um uns noch lange an diese Momente zu erinnern, bewirkt Wunder. Hast du mal von Marie Kondo gehört? Sie arbeitet mit diesem Prinzip.

Staubfänger bringen wir uns aber nicht nur aus dem Urlaub mit, wir kaufen sie auch gerne und viel vor Ort oder bestellen sie im Internet. Du merkst: Von (übermäßiger) Dekoration halte ich nicht ganz so viel. Das ist für dich erst einmal eine gute Nachricht, denn wäre es anders, hättest du das falsche Buch in der Hand.

Meine Ablehnung gegen zu viel Dekoration ist auch darin begründet, dass ich absolut kein Händchen dafür habe. Ich kann mich durchaus an toll abgestimmter Dekoration erfreuen und natürlich liebe ich es, insbesondere an Weihnachten, wenn es festlich strahlt und funkelt. Nur selbst erschaffen kann ich solche Stimmungen mit Dekoration nicht.

Der Minimalist in mir sieht in der meisten Dekoration weitgehend nutzlose Gegenstände, die keinen echten Zweck erfüllen, außer zu verstauben. Ich sage deshalb »die meisten«, weil es auch Dekoration gibt, die neben dem reinen Schönanzusehen auch einen praktischen Nutzen haben, die sogenannte funktionale Dekoration. Dazu komme ich gleich.

Beispiele für die Dekoration, die ich ablehne, sind etwa: Keramiktiere, »witzige« Schilder oder

Figuren, orangerote Plastikblätter im Herbst oder allerlei holzartige Formen (zumeist Sterne, Quadrate oder Ovale). In meinem minimalistischen Empfinden sind das alles Gegenstände, auf die ich sofort verzichten könnte.

Ich verstehe aber natürlich, dass Dekoration ein enorm großer Wohlfühlfaktor ist. Schließlich soll es in unserem Wohnzimmer ja nicht aussehen wie in einem OP-Saal, in dem jederzeit ein Blinddarm-Patient einrollen könnte. Für Menschen wie mich (und vielleicht auch dich), die nicht ganz auf Dekoration verzichten wollen, aber die meiste Dekoration ablehnen, gibt es eine Lösung: funktionale Deko. Der Name verrät es schon: Diese Dekoration hat auch eine Funktion. Meistens ist es sogar umgekehrt: Ein Gebrauchsgegenstand ist einfach so schön, dass er gleichzeitig als Dekoration genutzt werden kann. Dazu zählen für mich: Lampen, Kerzen, Obstkörbe, große Gläser mit Schraubverschluss (zum Beispiel solche, in denen wir Nudeln oder Reis aufbewahren können), Gewürze, Kräuter. Aber auch Kunst oder Fotos unserer Liebsten, an denen wir uns wirklich und herzlich erfreuen können.

Die wichtigste und schönste funktionale Dekoration sind für mich aber: Pflanzen. Kann man eigentlich genug Pflanzen um sich herum haben? Schöne Blumen und Pflanzen erden uns und verbinden uns mit der Natur, weil sie Natur sind. Sie entschleunigen, sorgen für gute Luft. Sie sind ein Kompensator für vieles, was uns heutzutage manchmal und mancherorts verloren geht.

Wenn ich einen stressigen Tag hatte oder vielleicht mitten am Tag einfach mal eine kurze Pause brauche, schnappe ich mir Schere und Gießkanne und kümmere mich ein paar Minuten um die Pflanzen in der Wohnung und auf dem Balkon. Es gibt wenig, was mich mehr entspannt und runterholt als das.

Dekoration im Minimalismus ist eigentlich gar nicht schwer. Wenn wir beim Kauf von Gebrauchsgegenständen ein bisschen auf Ästhetik achten, haben wir gleichzeitig schöne Dekoration für unsere vier Wände. Das ist Minimalismus in der schönsten Form: Das volle Potential aus unserem Besitz herausholen und entfalten, statt Kisten mit Dekorationen zu füllen.

Das Ausmisten von Dekoration und ist etwas tückisch. Schließlich greifen hier die typischen Fragen wie

- Wann habe ich es zuletzt benutzt?
- Wann benutze ich es das nächste Mal?
- Was für einen Nutzen hat dieser Gegenstand?

meistens nicht. Dekoration wird normalerweise zyklisch genutzt, was bedeutet, dass die Antwort auf die erste Frage in der Regel maximal »vor einem Jahr« ist. Die Antwort auf die zweite Frage kann demnach auch maximal »in einem Jahr« sein und der Nutzen ist natürlich das »dekorativ sein«. Logisch, sonst wäre das Teil keine Dekoration geworden, sondern ein Deckenventilator. Wir haben also nicht, wie bei der Kleidung, den Fall, dass wir wenig Vielbenutztes und viel Wenigbenutztes haben und die Sache eindeutig ist. Es gibt hier eigentlich nur zwei Möglichkeiten:

Erstens: Wir reduzieren die Dekoration auf ein Minimum. Beispielsweise könnten hier pro Jahreszeit fünf Teile eine Möglichkeit sein. Oder wir wechseln zu Ganzjahresdeko und beschränken uns auf zehn Teile, die dann dauerhaft stehen bleiben können.

Zweitens: Wir misten radikal nach der Frage aus, was neben dem reinen Schönaussehen noch einen anderen Zweck erfüllt, also funktionale Dekoration ist. Dann fliegen alle Keramikvögel, »herbstliche« Plastikblätter und Holzsterne raus, und wir schwenken um auf Pflanzen, Obstkörbe, Lampen, Kerzen und gehen Blätter sammeln.

Du hast mich nun schon einige Seiten lang kennengelernt und ahnst vermutlich, dass ich immer die zweite Option vorziehen würde. Ich weiß aber, dass es insbesondere anfangs schwer sein kann, sich nicht nur »hinter den Kulissen« (im Kleiderschrank, in Schubladen und Schuhschränken) stark zu reduzieren, sondern auch im sichtbaren Bereich. Es ist natürlich eine Umstellung, wenn man von »vollgestellt« zu »kahl« umschwenkt. Eine Umstellung, die vielleicht gar nicht so sehr den eigenen Geschmack trifft. Auch hier gilt natürlich: Wenn du Dekoration besitzt, die dir richtig viel Freude bereitet, dann behalte sie. Aber nur zu dekorieren, weil man eben dekoriert, ist aus meiner minimalistischen Sicht als Grund zu wenig. Leerer Platz macht uns schnell nervös, in jedes Fach muss etwas reingestellt werden, jede freie Fläche muss genutzt werden. Es dauert, bis sich dieses Denken verändert. Hab Geduld!

PARTNERSCHAFT.

Die Dekoration ist eine gute Überleitung zum nächsten, wichtigen Kapitel auf unserer Reise: Dem Miteinander, insbesondere in der Partnerschaft oder Familie, aber auch im Zusammenleben in einer WG mit den Mitbewohnern. Bleiben wir gleich mal bei der Dekoration. Diese betrifft oftmals ja nicht nur uns selbst, sondern auch unsere Partnerin oder unseren Partner, unsere Kinder oder andere Familienmitglieder. Oder die Mitbewohner.

Es ist schon schwierig genug, zwei oder mehr Geschmäcker bei der Dekoration auf einen gemeinsamen Nenner zu bekommen. Der eine mag es schlicht, der andere modern, und der Dritte sehr auffällig. Noch schwieriger wird es allerdings, wenn eine Partei minimalistisch leben und wohnen möchte, und die andere Partei nicht. Die schlechte Nachricht, so viel schon mal vorweg: Das führt zu einem Problem – und das ist auch ganz natürlich so. Verschiedene Ansichten sorgen immer für Reibung, egal welchen Lebensbereich sie betreffen. Die gute Nachricht: Dieses Problem ist lösbar.

Bevor wir uns anschauen, wie diese Reibereien zu lösen sind, möchte ich dich kurz vorbereiten auf das, was dich mit einer gewissen Wahrscheinlichkeit im Zusammenleben mit deinen Mitmenschen erwarten wird, insbesondere dann, wenn diese den Weg, den du gerade einschlägst, nicht mitgehen möchten oder können. Vor allem geht es mir darum, möglichen Streits vorzubeugen oder bereits jetzt Verständnis für beide Seiten zu schaffen, sollte es doch dazu kommen.

Ich weiß aus eigener Erfahrung, dass es manchmal schwer ist, nachzuvollziehen, warum die Liebsten den minimalistischen Weg vielleicht nicht ganz so intensiv mitgehen wollen wie du selbst. Wenn du einmal erlebt hast, wie befreiend und lösend die Reduzierung von Besitz und Ballast sein kann, bekommst du schnell das Gefühl, dies sei nun die einzig richtige und allgemeingültige Lebensweise. Es scheint völlig absurd, dass das andere Menschen anders sehen und empfinden.

Auf der anderen Seite stehen deine Mitmenschen, die möglicherweise gar nicht den Wunsch haben, sich materiell zu verkleinern. Die glücklich mit ihrem Leben sind, so wie es gerade ist, und die darum gar nicht erst zu dem Punkt kommen, an dem du warst und weswegen du vielleicht jetzt dieses Buch liest. Es ist entsprechend für sie kaum nachzuvollziehen, warum du plötzlich anfängst, dein gesamtes Leben umzukrempeln, jeden Bereich aufzuräumen, Dinge wegzuwerfen oder zu verkaufen, die du dir einmal gekauft hast und die noch voll in Ordnung sind. Vergiss nicht: Der Schwenk von Überfluss und Konsum zum Minimalismus ist nicht ohne, auch wenn es sich toll anfühlt. Unterm Strich ist und bleibt es eine krasse Veränderung deines Lebens.

Im schlimmsten Fall haben wir jetzt den Salat: Zwei Seiten, unterschiedliche Ansichten, wenig bis kein Verständnis. Egal ob bei der Dekoration, bei den Möbeln, beim Bücherregal oder der CD-Sammlung. Überall lauern nun Streitpunkte. Das ist, wie bereits erwähnt, nur natürlich. Und vor allem ist es kein Grund für dich, den Weg nicht zu gehen. Drohende Konflikte sollten nie ein Grund sein, seine Wünsche, Träume und Ideen zu verfolgen. Schließlich gibt es auch fast immer einen Weg, diese Konflikte aus dem Weg zu räumen. Dreht man aber vor jedem Streit ab, akzeptiert man nur noch den Status Quo und nimmt es so hin. In meinen Augen ist das nicht sonderlich erstrebenswert.

Ich hatte erwähnt, dass diese Konflikte lösbar sind, und ich hoffe, dass die Lösung nicht zu kitschig klingt, weil sie so einfach wie effektiv ist. Sie lautet: miteinander reden. Wir haben zwei Parteien ohne Verständnis füreinander. Was läge da näher, als Verständnis zu schaffen? Beide Seiten haben ihre Berechtigung, keine Seite hat Recht oder ist der anderen überlegen. Es gibt hierbei kein Richtig oder Falsch, kein Entweder-Oder. Somit ist das eigentlich die perfekte Ausgangssituation für ein aufklärendes Gespräch, in dem du deinen Lieben nachvollziehbar erläuterst, warum du diesen Weg gehen möchtest und was für dich wichtig ist.

Wenn du nicht gerade mit der Erwartungshaltung an das Thema herangehst, dass deine Mitmenschen nach dem Gespräch alles stehen und liegen lassen und all ihren Besitz binnen zwei Stunden loswerden, kann dabei wenig schief gehen. Sie werden mit ziemlicher Sicherheit verstehen, worum es dir geht und was du mit diesem Weg erreichen möchtest. Nun bist du allerdings genauso in der Verantwortung, auf die Wünsche und Anregungen deiner Lieben einzugehen.

Schließlich ist das Ziel eines solchen Gespräches nicht, dass sich alle auf den Minimalismus verständigen (auch wenn das im Bereich des Möglichen liegt: vielleicht geht es deinen Mitmenschen ja ähnlich wie dir, sie kannten nur keine Lösung für dieses Gefühl), sondern dass alle gemeinsam einen Kompromiss finden, der für sie passt.

Kommunikation ist das A und O in einer jeder Gemeinschaft. Kompromisse entstehen immer dann, wenn beide Seiten Verständnis füreinander haben und bereit sind, für sie akzeptable Abstriche zu machen, um sich dann in der Mitte zu treffen. Wie aber könnte so ein Kompromiss aussehen?

- Wenn für deine Partnerin die Dekoration wichtig ist und du am liebsten gar nicht dekorieren würdest, trefft euch doch bei funktionaler Dekoration mit Blumen, einer schönen Lampe und Kerzen.
- Vielleicht möchtest du aber auch ein Regal und dessen Inhalt loswerden, während dein Mann es gerne behalten würde. Einigt euch doch darauf, das Regal zu behalten, es aber gemeinsam zu entrümpeln und euch auf die wesentlichen Stücke zu konzentrieren.

- Die CD-Sammlung deiner Partnerin ist ihr heilig, dir aber ein Dorn im Auge. Vielleicht geht es ihr gar nicht um alle CDs, sondern nur um ein paar Lieblingsstücke, denen sie wieder viel mehr Aufmerksamkeit widmen kann, wenn sie die restlichen CDs los ist.
- In eurem Kleiderschrank herrscht Chaos, deinen Partner scheint das aber nicht weiter zu stören? Biete ihm an, ihm beim Anprobieren und Aussortieren der Teile zu helfen und ihn dabei zu unterstützen. Vielleicht sieht er die Vorteile dann auch.
- In eurer WG-Küche gibt es gefühlt dreißig »lustige« Tassen, die sich im Küchenregal schon so hoch stapeln, dass du oft nur einen Atmer von einem spektakulären, polterabendähnlichen Tassenhagel entfernt bist? Je nachdem, in was für einer WG du wohnst, würde ich dir fast empfehlen: Schmeiß einfach weg, es fällt ohnehin nicht auf. Aber im Ernst: Deinen Mitbewohnern geht es mit Sicherheit auch auf die Nerven, dass sie ständig Rücksicht auf den drohenden Scherbenhaufen nehmen müssen. Sucht euch eure Lieblingstassen raus, schmeißt den Rest weg, und bittet eure Freunde, keinen Nachschub zu schenken.

Es gibt natürlich unzählige Konstellationen und Möglichkeiten für solche Kompromisse. Wichtig ist nur, dass man nicht mit der »einzig wahren« Einstellung an diese Themen herangehen sollte, sondern dass es immer mehrere Seiten der Medaille gibt – und alle ihre Berechtigung haben.

Friss deine Wünsche und Träume nicht einfach still in dich hinein, sondern kommuniziere sie mit deinen Mitmenschen so, dass sie sie verstehen und nachvollziehen können. Dann wirst du mit Sicherheit auf offene Ohren und Herzen stoßen, die deine Wünsche respektieren und berücksichtigen werden.

Natürlich ist es nur eine Möglichkeit, dass es zu Reibereien kommt, die es zu lösen gilt. Es kann genauso gut auch sein, dass es deinen Mitmenschen ganz ähnlich geht. Vielleicht kennen sie einfach noch gar nicht das Lebenskonzept des Minimalismus?

Du beschäftigst dich vielleicht schon länger mit dem Thema, konsumierst Blogs, schaust Videos und liest gerade in diesem Moment dieses Buch. Vielen geht das nicht so. Sie kennen nur dieses eine Lebenskonzept, in das sie hineingeboren und -erzogen wurden und das sie an jeder Ecke auf Werbetafeln, in TV-Spots oder im Supermarktprospekt eingetrichtert bekommen. Und das lautet: Konsum und Überfluss. Die Wahrscheinlichkeit, dass deine Lieben tief in sich auch dieses Bedürfnis nach weniger Besitz und mehr Freiheit und Leichtigkeit verspüren, wächst meiner Beobachtung nach sogar stetig. Schließlich wird unsere Welt gefühlt immer schneller und anstrengender, während gleichzeitig die Wünsche nach grünerem Leben, Nachhaltigkeit und Verantwortung wachsen. Minimalismus bedient diese Wünsche in vielen Bereichen und ist längst kein Randthema mehr.

Sollte dem so sein, dass ihr vielleicht hier sogar eine Gemeinsamkeit entdeckt, dann macht es gleich doppelt so viel Spaß, zusammen auszumisten, zu entrümpeln, zu verkaufen und zu spenden. Und vor allem: Erfolge zusammen zu feiern. Denn davon wird es noch einige auf deinem Weg geben. Versprochen!

PAPIERKRAM.

Wenn ich dich jetzt fragen würde, wo dieser eine Brief von der Bank ist, den du 2009 bekommen hast – wüsstest du dann auf Anhieb, wo er ist? Falls nein, kommt hier deine Lösung. Falls ja, dann gratuliere ich dir zu einem fantastischen Ordnungssystem in deinem Papierkram, das dir vermutlich jede Menge Zeit spart. In beiden Fällen, da bin ich sicher, werden dir die folgenden Seiten rund um das Thema Büro, Papierkram und Digitalisierung helfen, denn hier haben wir ein riesengroßes Potential, eine ganze Menge Ballast mit hohem Gewicht und Volumen loszuwerden.

Ich würde mich – auf die Frage gerade – zu der zweiten Kategorie zählen. Es war zwar nicht immer so, aber irgendwann habe ich ein für mich funktionierendes Ordnungssystem gefunden. Alle meine Dokumente waren fein sortiert nach Banken, Versicherungen, Steuern, meinem Auto, Kaufverträgen, Rechnungen, juristischen Angelegenheiten, und so weiter. Was heißt hier »waren«, sie sind es immer noch. Nur in einer anderen Form. Alle meine Dokumente haben insgesamt neun von diesen großen grauen

Ordnern in Beschlag genommen. Viele Klammern dieser Ordner waren schon verbogen vor lauter Gewicht. Es ist immer wieder erstaunlich, wie schwer Papier doch werden kann, wenn man nur genug davon zusammenpackt (ich erinnere hiermit mal kurz an die Telefonbücher von damals). Aus den neun Ordnern sind inzwischen zwei Ordner geworden, der Rest liegt wohlsortiert auf einer externen Festplatte, nicht viel größer als ein Portemonnaie, mit einem Terabyte Speicherplatz. So toll das klingt, so anstrengend war es auch, das hinzubekommen. Wenn du nun denkst, dass du das mal eben nach Feierabend durchrockst: nein. Nimm dir ganz entspannt ein paar Stunden am Wochenende, denn das wird viel Arbeit. In so einen großen Ordner passen etwa 600 Blätter. Auf meine sieben ausgemisteten Ordner macht das also rund 4.200 Blätter, teils doppelseitig bedruckt. Aber, das möchte ich vorwegnehmen, es wird sich lohnen – doppelt und dreifach!

Zunächst einmal ist ein (halb-)professioneller Scanner mit Dokumenteneinzug sehr hilfreich bei dieser Arbeit. Es gibt zwar auch einige Apps, mit denen du inzwischen schon sehr einfach und sehr schnell hochwertige PDF-Scans anfertigen kannst. Bei der schieren Masse an Dokumenten, die wir hier vor uns haben, ist das aber eine unendliche Arbeit. Wenn du so einen Scanner zur Hand hast oder dir ausleihen kannst, erleichtert dir das die Arbeit natürlich enorm. Ansonsten tut es auch eine einfache Drucker-Scanner-Kombi, es dauert nur eben etwas länger. Ich habe die Dokumente also durchlaufen lassen und auf einem USB-Stick direkt vom Scanner gespeichert. Alle 100 Dokumente habe ich eine Pause gemacht, den USB-Stick geleert und weitergemacht. In der Zwischenzeit habe ich die ganzen Dokumente, die natürlich nach dem Muster SCAN-001, SCAN-002 und so weiter benannt sind, vernünftig benannt. Das ist der absolut wichtigste Schritt bei dieser Sache, denn wir wollen ja auch digital noch diesen einen Brief von der Bank von 2009 finden. Leider habe ich zu spät an die korrekte Sortierbarkeit der Dokumente gedacht und sie anfangs alle einfach nur nach Titel oder Thema des Briefes benannt. Das hat mich einige Extrastunden gekostet, die ich dir mit folgendem System gerne ersparen möchte.

Wie sollte es anders sein, gibt es natürlich hierfür eine passende Norm von der, die gibt es wirklich, Internationalen Organisation für Normung (ISO), nämlich die ISO 8601. Diese

Norm legt ein einheitliches Datumsformat fest, das es uns ermöglicht, die Dateien chronologisch zu ordnen, was für die meisten Fälle am sinnvollsten ist. Laut ISO 8601 kannst du deine Dokumente mit JJJJ-MM-TT benennen, wobei J für das Jahr, M für den Monat und T für den Tag steht.

Scannst du etwa das Schreiben der Bank über den neuen Kredit vom 12. Oktober 2009, dann würdest du es »2009-10-12 Zusage Kredit Phantasiebank« nennen können. Hast du nun diversen Briefverkehr mit dieser Bank, sähe deine chronologisch sortierte Ordnerstruktur so aus:

1. 2007-03-21 Eröffnung Girokonto Phantasiebank
2. 2007-04-02 Zusendung PIN-Nummer Phantasiebank
3. 2009-10-12 Zusage Kredit Phantasiebank
4. 2013-01-04 Bestätigung Kredittilgung Phantasiebank

Du kannst die Dateien nun ganz einfach basierend auf dem Titel auf- oder absteigend sortieren und somit binnen wenigen Sekunden wirklich jedes Dokument wiederfinden, das du gerade brauchst. Noch schöner wird es, wenn du mit

OCR arbeitest. OCR steht für »Optical Character Recognition«, also auf Deutsch »optische Zeichenerkennung«, und bedeutet nichts anderes als eine Durchsuchbarkeit deiner Dokumente. Jetzt sind wir – neben der enormen Platzersparnis und einfachen Auffindbarkeit – beim wohl größten Pluspunkt eines papierlosen Büros.

Stell dir vor, du suchst dieses Schreiben der Bank und erinnerst dich noch an den Begriff »Immobilienkredit«. Dann könntest du nun an deinem Rechner hingehen und einfach nach dem Wort »Immobilienkredit« suchen. Das Ergebnis mit OCR wäre: genau der Brief, den du suchst (und natürlich alle anderen Dokumente mit diesem Begriff).

Manche Scanner unterstützen OCR direkt von Haus aus und legen die entsprechenden PDF-Dateien gleich richtig ab. Unterstützt dein Scanner das nicht, gibt es aber auch Softwarelösungen, die deine PDFs nachträglich noch einmal auf Texterkennung scannen.

Liegen die Dokumente nun im richtigen Format vor und sind korrekt benannt, geht es an die Ordnerstruktur. Hier empfiehlt es sich natürlich, ein einfach verständliches System zu wählen.

Meine Struktur sieht etwa so aus:

- Anwalt
- Arbeit
- Auto
- Banken
- Belege
- Kaufverträge
- Rechnungen
- Steuern
- Versicherungen
- Wohnung

Je nach Komplexität des Themas, sind die Ordner dann noch in Unterordner unterteilt, wie etwa beim Thema Versicherungen:

- Arbeitslosenversicherung
- KFZ-Versicherung
- Krankenversicherung
- Rechtsschutzversicherung
- Rentenversicherung

In den (Unter-)Ordnern liegen dann die chronologisch nach ISO 8601 sortierten Dokumente.

Der Aufwand hin zu weniger Papierkram ist enorm, keine Frage. Aber er lohnt sich. Denn am

Ende hast du eine digitale, aufgeräumte, sortierte, platzsparende, durchsuchbare Ordnung in deinem Papierkram. Für alle Dokumente und Briefe, die nun noch eintrudeln (es werden zum Glück immer weniger, aber du kannst hier auch die Initiative ergreifen und so manche unnötige Briefpost in digitaler Form anfordern oder Werbung mit einem »Keine Werbung«-Sticker widersprechen), nutze ich eine Scan-App auf meinem Smartphone. Das dauert pro Brief eine Minute und ist dann ideal einsortiert in mein System.

Einen wichtigen Punkt möchte ich aber noch ansprechen: Es gibt sogenannte Aufbewahrungspflichten für manche Dokumente. Prüfe also im Zweifel mit deinem Anwalt und Steuerberater, welche Dokumente du digital ablegen und dann vernichten darfst und welche nicht. In den verbliebenen zwei Ordnern bei mir sind all diese Dokumente drin, die ich lieber im Original vorhalte. Gescannt und abgespeichert sind sie aber trotzdem, schließlich möchte ich auch diese Dokumente leicht an meinem Computer auffinden können. Zudem solltest du dir natürlich der Risiken gewiss sein, die eine digitale Speicherung mit sich bringt. Jede Festplatte kann mal einen Schaden haben, kaputt gehen oder anderweitig den Geist aufgeben.

Das Risiko hast du zum Beispiel durch einen Rohrbruch oder Feuer zwar auch bei den Papierordnern, ich würde dir aber immer ein Backup empfehlen. Geht eine Festplatte mal kaputt, hast du immer noch eine, die du dann wieder auf eine neue Festplatte kopieren kannst. Bisher ist mir das noch nie passiert (stell dir mich gerade gedanklich drei Mal auf Holz klopfend vor), aber wer weiß, was die Zukunft bringt. Meine Festplatten sind allerdings auch reine Backup-Festplatten und werden für nichts sonst benutzt. Das mindert das Risiko natürlich ab. Wenn du dich damit wohlfühlst, kannst du auch an eine Cloud-Lösung wie Dropbox oder iCloud denken, wobei es natürlich auch hier Risiken gibt.

Neben dem Papierkram, den wir nun also weitgehend digitalisiert haben, gibt es im Büro, den Schreibtischschubladen und Aktenschränken natürlich noch allerhand mehr, das wir loswerden können. Bist du auch so jemand, der unzählige Stifte aller Couleur hortet, »weil man Stifte ja immer braucht«? Die Erfahrung zeigt: Man braucht sie entscheidend weniger, als man glaubt, zumindest in der großen Masse. Ich habe das bei mir irgendwann mal auf drei Kulis, drei Textmarker und drei Bleistifte reduziert, und seither nichts vermisst. Hier hilft auch schon ein kleiner Funktionstest ganz gut, um eine Aussiebung vorzunehmen.

Mit derselben Begründung, mit der ich Stifte gesammelt habe (»braucht man immer«), habe ich auch Notizbücher gesammelt. Notizbücher haben eine faszinierende Wirkung auf mich, besonders wenn sie neu sind. Das war in meiner Kindheit schon immer so mit neuen Heften, Organizern oder Jahreskalendern: Ich könnte mir stundenlang überlegen, wie ich mich damit organisiere und alles eintrage und dann super produktiv bin… Bevor das ausartet, lasse ich die Seifenblase gleich mal platzen: Nach wenigen Tagen und gefüllten Seiten hatten sich all die tollen Pläne meist erledigt, die kleinen Büchlein hatten sich in nervige Begleiter verkehrt, die ich fortan dann mit einem nötigen Mindestmaß an Aufmerksamkeit bedacht habe. Und obwohl ich nun viele Male diese Erfahrung gemacht habe, haben Notizbücher noch immer die gleiche Wirkung auf mich. Es ist kurios.

Wenn du – zum Beispiel für deine Arbeit – ein Notizbuch brauchst, dann ist das wunderbar. Nur lass die ganzen Werbegeschenke auf Messen oder Events liegen – du wirst sie ohnehin nicht füllen können. Ich brauche auch eins, weil ich Gedanken doch gerne mal aufkritzele und durchstreiche und markiere, und bin vor einigen Jahren mit einer größeren beruflichen Veränderung in meinem Leben auf ein ganz bestimmtes Notizbuch umgestiegen, das ich etwa alle ein bis anderthalb Jahre fülle, dann inklusive Inhaltsverzeichnis und Anfangs- und Enddatum auf dem Buchrücken säuberlich ins Regal stelle und mir ein neues bestelle. So bleiben Gedanken, Ideen, selbst Mitschriften von Telefonaten für mich auch mehrere Jahre später noch nachvollziehbar: richtiges Notizbuch aus dem Regal ziehen, im Inhaltsverzeichnis das Telefonat suchen – und voilà.

Das ist nicht zu 100 Prozent mit einem radikalen Minimalismus vereinbar, schließlich ließen sich diese Notizbücher auch digitalisieren oder gleich ganz digital in Apps gestalten (was ich vergeblich versucht habe). Aber für mich persönlich sind sie wichtig, und ich möchte sie nicht missen.

Auch daran siehst du wieder, dass sich der Minimalismus als Lebensstil nach dir richten sollte – und nicht umgekehrt. Es gibt kein Minimalismus-Gesetz, das uns vorschreibt, was wir behalten dürfen und was nicht. Bei den Ordnern mit all dem Papierkram war es mir wichtig, den

Ballast loszuwerden. Bei meinen Notizbüchern ist es mir wichtig, sie physisch zu behalten. Beides hat seine Berechtigung und ist absolut in Ordnung so. Lass dich also keinesfalls von anderen Menschen beeinflussen und zu Dingen verleiten, die sich für dich gar nicht richtig anfühlen – auch und vor allem nicht von mir. Ich gebe dir hier nur Impulse. Deine Aufgabe ist es, dir das Beste für dich herauszusuchen und in deine individuellen Bedürfnisse zu integrieren.

Meine aussortierten Stifte, Notizbücher, Blöcke, Lineale, Scheren, Spitzer und so weiter habe ich in einen großen Karton gepackt und an eine Hilfsorganisation geschickt, die Familien unterstützt, denen vielleicht am Schuljahresanfang das Geld für diese Sachen fehlt. Hoffentlich haben sie ein paar Kinder glücklich gemacht! Das kannst du auch machen, in fast jeder Stadt gibt es passende Organisationen und Einrichtungen. Alternativ kannst du auch direkt an Schulen, Kindergärten oder Kitas herantreten. Die freuen sich sicher über deine Unterstützung!

Merkst du, wie der Stein so langsam ins Rollen kommt? Nun ist bereits der nächste Raum auf das Wesentliche reduziert. Für mich war das Büro, insbesondere mit den Aktenordnern, einer der wichtigsten Räume mit dem größten Aha-Erlebnis. Der freie Platz, die tolle Organisation und Auffindbarkeit – hier spare ich bei jedem Dokument, das ich suche, mehrere Minuten Lebenszeit. Zudem, darüber sprachen wir zu Beginn dieses Buches, muss ich einige insgesamt 4.200 Blätter Papier schwere Ordner weniger die 54 Stufen runterschleppen. Da nehme ich doch lieber meine kleine Festplatte mit.

An diesem Raum sehen wir allerdings auch, dass Minimalismus nicht immer gleich finanzielle Sparsamkeit bedeutet oder sie zumindest nicht sofort deutlich wird. Zwei externe Festplatten, ein Scanner, vielleicht noch eine OCR-Software, falls der Scanner die nicht mitbringt. Das kostet natürlich Geld. Am Ende ist es eine Abwägung zwischen Zeitersparnis, Platz und Minimalismus auf der einen und 150 Euro Kosten für Technik auf der anderen Seite. Es ist eine reine Investition, die dir einen Return bringt. Du kaufst dir ein Teil und schmeißt viele Teile raus. Du gibst Geld aus und sparst Lebenszeit. Die Gleichung kannst du natürlich nur ganz alleine für dich und deine Situation aufstellen.

DIGITALER MINIMALISMUS.

Minimalismus ist ein Lebensstil und als solcher beschränkt er sich nicht nur auf Dinge, die wir physisch anfassen können. Es geht auch um das Entrümpeln vieler anderer Lebensbereiche, auf die wir in diesem Buch auch noch im Detail eingehen werden. Zunächst widmen wir uns, anschließend an unser digitalisiertes Büro, nun dem digitalen Minimalismus.

Ich habe mal nachgezählt: Pro Tag habe ich in Spitzenzeiten über alle meine beruflichen und privaten E-Mail-Adressen mal über 300 E-Mails bekommen. Das ist, ausgehend von etwa 16 Stunden, die ich pro Tag wach bin, eine E-Mail etwa alle drei Minuten. Nun musst du wissen, dass ich hauptberuflich ein Medienunternehmen leite und natürlich dadurch schon an Pressemitteilungen deutlich mehr E-Mails bekomme als der Durchschnittsnutzer.

Von den 300 E-Mails ist nur ein Bruchteil direkt wichtig oder an mich adressiert, der Rest sind Pressemitteilungen, allerhand unfreiwillig zugesendete Newsletter, Interview-Anfragen und so weiter. Aber trotzdem: Diese Nachrichten müssen gesichtet, gelöscht, weitergeleitet, beantwortet werden. Ein wahnsinniger Zeitaufwand.

Im Schnitt flattern laut einer Untersuchung des BITKOM-Verbandes aus 2018 pro Tag 21 berufliche E-Mails in die Postfächer der Berufstätigen, private E-Mails kommen noch obendrauf. Selbst das sind auf einen achtstündigen Arbeitstag gerechnet noch eine E-Mail alle 22 Minuten. Wenn wir davon ausgehen, dass wir im Büro anderes zu tun haben als permanent E-Mails zu beantworten, ist die Belastung hier schon recht enorm. Denken wir nur mal daran, was sich hier an E-Mails aufsummiert, wenn wir mal zwei Wochen im Urlaub sind. 30 Prozent der Befragten gaben an, mehr als 30 E-Mails zu erhalten, acht Prozent bekommen demnach über 50 E-Mails pro Tag. Wenn wir nun mal schauen, wie viele dieser E-Mails wirklich direkt wichtig für uns sind, dann wird schon deutlich, wo wir auf unserem Weg zu unserem reduzierten Lebensstil weiteres Einsparpotential finden.

Nun ist es selbstredend nicht ganz so einfach, die beruflichen E-Mails zu reduzieren. Eine E-

Mail an den Vorgesetzten, doch bitte mal diese nervigen Nachrichten zu unterlassen, ist keine gute Idee. Hier ist die Unternehmensleitung gefragt, beispielsweise das Aufkommen von internen E-Mails zu reduzieren. Im privaten Bereich hingegen können wir selbst Hand anlegen und an einigen Stellen aufräumen. Fragen, die wir uns hier stellen können, sind etwa:

- Welche meiner abonnierten Newsletter lese ich wirklich?
- Wie viele tolle Angebote habe ich von dem Unternehmen tatsächlich schon mal per E-Mail erhalten, sodass sich die Werbung lohnt?
- Brauche ich wirklich das »Das gibt's Neues bei uns«-Update meiner Bank jeden Monat?
- Sind die Benachrichtigungen über jeden Klick, den einer meiner Freunde in den sozialen Netzwerken macht, wirklich sinnvoll und bringen sie mir Mehrwert?

Ich würde wetten, dass du alleine damit schon einen satten Teil deiner privaten E-Mails reduzieren kannst. Das hilft übrigens sofort der Umwelt. Pro E-Mail werden etwa 10 Gramm CO2 verbraucht. Gehen wir mal von den 21 empfangenen E-Mails pro Tag aus und rechnen schätzungsweise mit 14 gesendeten E-Mails pro Tag, dann hättest du für diese 35 E-Mails auch knapp über zwei Kilometer Auto fahren können mit der gleichen CO2-Belastung. Machen wir uns nichts vor: Die Bahn statt den Flieger zu nehmen, das Fahrrad statt das Auto – das sind natürlich größere Einsparpotentiale. Aber dieses Rechenbeispiel verdeutlicht ganz schön, wie wir mit kleinen Änderungen, die uns nicht weh tun (im Gegenteil, sie helfen uns ja sogar noch!) auch etwas für unsere Umwelt tun können. Nehmen wir das mal zusammen mit bewussterem Konsum, weniger Müllproduktion, Ressourcenschonung, Recycling und den ganzen Spenden, dann kommt bei der Umstellung zum Minimalismus ganz schön viel zusammen. Dabei geht es nicht um Geld und nicht um eine Gegenleistung. Es geht darum, darüber schrieb ich bereits, Verantwortung zu übernehmen und dafür zu sorgen, dass man selbst die Veränderung ist, die man sich für die Welt wünscht.

Reduzieren wir also die E-Mails, sparen wir Zeit und sogar noch ein bisschen CO2. In jedem seriösen Newsletter findest du – meist ganz unten – irgendwo einen »Abmelden«-Link. Wenn nicht, kannst du dem Unternehmen auch einfach schreiben, dass sie dich bitte aus ihrer Newsletter-Liste austragen sollen. Bei den sozialen Netzwerken und Online-Diensten findest du meistens in den Einstellungen einen Punkt »Benachrichtigungen«, in dem du genau einstellen kannst, welche E-Mails du wirklich brauchst und welche nicht.

Genau so, wie wir E-Mail-Newsletter sammeln, laden wir uns auch Apps herunter. Hast du mal gezählt, wie viele Apps du auf deinem Smartphone oder Tablet hast und wie viele du davon eigentlich regelmäßig nutzt? Meine Bildschirmzeit am Smartphone liegt regelmäßig jenseits der sechs Stunden pro Tag. Ich arbeite überwiegend mit dem Handy, telefoniere beruflich sehr viel und habe einige Apps, auf die ich nicht verzichten kann.

Du siehst also: Ich bin das, was man wohl als »Power-User« bezeichnen würde. Und trotzdem nutze ich nur einen Bruchteil der Apps, die ich auf meinem Smartphone habe. Stand jetzt sind es 120, und ich möchte jetzt hier mit dir, quasi »live«, den Selbstversuch machen und mal aussortieren, auf welche Apps ich wirklich nicht verzichten kann und welche Apps ich eigentlich nur als unnötigen Ballast mit mir rumschleppe, der meinen Homescreen zumüllt und meine Ordner verstopft.

Dabei fange ich einfach von oben an, gehe sie alle einzeln durch und stelle mir die Fragen:

- Brauche ich diese App wirklich für meine Arbeit oder privat?
- Nutze ich die App regelmäßig?
- Werde ich die App wahrscheinlich bald mal nutzen?

Werden diese Fragen verneint, fliegt die App runter vom Gerät. (An dieser Stelle musst du dir nun fünf Minuten wildes Getippe auf einer Glasscheibe vorstellen und ein »Schnellvorlauf«-Geräusch.)

Von den 120 Apps sind nun noch 80 übrig geblieben. Vielmehr als die Tatsache, dass ich auf ein Drittel meiner Apps ohne mit der Wimper zu zucken verzichten kann, finde ich aber, dass ich dadurch über 7,5 Gigabyte an Speicherplatz freiräumen konnte. Zudem sind meine 13 Ordner nun wieder »einseitig«, es gibt also keine Apps mehr, die sich in einem Ordner auf der zweiten Seite verstecken. Erinnerst du dich an meinen Kleiderschrank, in dem ich hinten seelenruhig Diebesgut hätte verstecken können? Die Seite 2 in meinen App-Ordnern wäre dafür auch ein gutes Versteck.

Der nächste Punkt im digitalen Minimalismus sind unsere diversen Konten und Profile, die wir in allen möglichen Apps, Websites und Diensten eingerichtet haben. Es gibt gute Gründe, diese hin und wieder einmal aufzuräumen. Der wichtigste Grund ist aber unsere eigene Datensicherheit. Wie häufig hast du schon aus den Nachrichten oder durch Benachrichtigung durch den Website-Betreiber erfahren, dass ein paar Millionen Nutzerdaten entwendet wurden? Namen, Benutzernamen, Adressen, Kreditkarten-Daten, E-Mail-Adressen, Passwörter, Telefonnummern – es passiert ständig.

Nun sind wir gleich doppelt angreifbar:

1. Wenn der Dienst betroffen ist, bei dem wir das Konto haben. Klar, dann sind möglicherweise auch unsere Daten unter den entwendeten.
2. Aber auch, wenn wir uns mit eben diesen Daten auch noch auf anderen Plattformen angemeldet haben. Denn nicht selten werden die entwendeten Daten genommen und einfach auf anderen Diensten ausprobiert.

Dagegen können wir uns natürlich schützen, etwa indem wir nie dasselbe Passwort auf mehreren Diensten nutzen, in unseren E-Mail-Adressen und Benutzernamen variieren oder die Zwei-Faktor-Authentifizierung aktivieren.

Das Konto zu schließen, schützt uns natürlich nicht komplett. Schließlich liegen unsere Daten oftmals trotzdem noch in irgendwelchen Datenbanken herum. Aber: Zumindest in dieses Konto kommen die Eindringlinge dann nicht mehr rein – und einige E-Mails sparen wir uns von den Diensten auch noch.

Wenn du einen Überblick über die ganzen Dienste haben möchtest, bei denen du dich so anmeldest, dann hilft eine simple Tabelle. Jedes Mal, wenn du dich irgendwo neu registrierst, schreibst du es einfach auf. Durch diese Liste kannst du dann schnell regelmäßig mal gehen und aussortieren, was du nicht mehr brauchst.

Weiter geht es mit unseren digitalen Erinnerungsstücken, unseren Fotos: Könntest du jetzt auf der Stelle ein Bild finden, dass du an einem bestimmten Zeitpunkt mal gemacht hast? Ich konnte das lange Zeit nicht, da sich meine Fotos und Videos auf allen möglichen Festplatten, Ordnern, USB-Sticks und SD-Karten verteilt befunden haben. Alle paar Gelegenheiten mal habe ich sie vom einen in den anderen Ordner geschoben oder mal eine SD-Karte leergemacht. Wirklich zusammengepasst hat dabei aber gar nichts mehr. Das ist in etwa so, als wenn man früher alle Fotos, die man jemals gemacht hat, in eine große Kiste geworfen, für 20 Sekunden ordentlich durchgeschüttelt und anschließend ein bestimmtes Bild gesucht hätte. Nur, dass man nicht wie früher ein Foto von einem Motiv gemacht hat, sondern inzwischen ganze Bilderserien schießt, damit der ideale Instagram-»Schnappschuss« dabei ist.

Im Kapitel über Dekoration und Urlaubsmitbringsel habe ich schon angerissen, dass ich mir das Fotografieren von besonderen Momenten wie schönen Sonnenuntergängen fast gänzlich abgewöhnt habe, weil ich mir die Bilder ohnehin nicht mehr anschaue und sie nur weiter meine Festplatten gefüllt hätten. Ich genieße den Moment inzwischen lieber und lasse das Handy da, wo es gerade ist. Das löst aber nicht das Foto-Problem auf unseren digitalen Speichern, und ich will ehrlich sein: Ich habe dafür auch keinen Zauberspruch parat, den ich dir jetzt verraten kann.

Ich bin hingegangen und habe alle meine Bilder von allen möglichen Speichermedien zusammengesucht und zunächst einmal an einem zentralen Platz auf meinem Rechner gesammelt – im vielsagenden Ordner »Fotos«. Anschließend habe ich sie nach Datum sortiert und immer Jahrespacken gebildet, also »2019«, »2018«, und so weiter. Dort wiederum habe ich die Bilder nach Monaten sortiert. Das grenzt die Suche, wenn ich nun ein Bild brauche, zumindest deutlich ein. Es gibt nur noch einen Platz, und ich komme bis auf den Monat genau dran. In manchen Monaten ist es nun schwerer, in anderen leichter, die passenden Bilder zu finden. Natürlich könnte ich mir noch die Arbeit machen und jedes Bild einzeln anschauen, sämtliche Duplikate aussortieren, irgendwann mal gemachte Screenshots löschen – das ist mir aber schlicht zu aufwändig. Wir reden hier schließlich von einer fünfstelligen Anzahl an Fotos, Videos und Screenshots. Je nach Zeit, Lust und Geduld bei solchen Aufgaben, kannst du diese Extrameile natürlich gehen und es minimalistisch perfekt sortieren. Ich bin mit meiner Sortierung so aber gänzlich zufrieden. Erinnerst du dich an die Gleichung bei deinem Papierkram aus der Investition in einen Scanner, die du tätigst und als Return viel Lebenszeit zurückbekommst? Diese

Gleichung kannst du bei solchen Aufgaben auch aufstellen. Ist die Investition, hier Stunden über Stunden für eine minutiöse Ordnung zu verwenden, wirklich lohnenswert und bringt dir anschließend die gewünschte Ersparnis an Zeit, Aufwand oder Stress? In meinem Fall kann ich das verneinen. Vielleicht sieht es bei dir aber anders aus, weil du dir mit riesiger Begeisterung regelmäßig alte Bilder anschaust.

Nun haben wir überflüssige E-Mails gestoppt und damit CO2 eingespart, Apps gelöscht und damit freien Speicher und bessere Sichtbarkeit der wichtigen Apps geschaffen, Dienste beendet und Konten gelöscht und unsere überall verstreuten Medien sortiert. Fehlt nur noch eines: Digital Detox. Gemeint ist damit der Verzicht auf digitale Medien und Gerätschaften. Es entspannt tatsächlich – an manchen Wochenenden ziehe ich das hin und wieder mal konsequent durch.

Auch das öffnet wieder den Blick für die wichtigen Dinge im Leben.

KÜCHE UND BAD.

Weiter geht es im Badezimmer mit unserem Drogerie-Bedarf. Der zählt nur bedingt zu den Dingen, die wir beim Minimalismus wirklich einsparen können (oder sollten). Schließlich sind Zahnpasta, Deo, Gel, Haarspray, Seife, Duschgel, Shampoo, (Haut-)Cremes und Schminke nichts, was man einfach so streichen kann. Es sind Gebrauchsgegenstände, die wir im Normalfall kaufen, verbrauchen und erneut kaufen. Es gibt aber doch ein paar Kniffe, mit denen wir unsere Badezimmerschränke mal ausmisten können.

Denn häufig haben wir wahre Überlebenskünstler in unseren Bad- und Kosmetikschränken, die sich zwar sehr lange, aber eben auch nicht ewig halten. Was viele nicht wissen, ist dass auch Drogerie-Artikel ein Ablaufdatum haben und irgendwann »schlecht« werden können.

Hierbei müssen wir zwischen zwei Daten unterscheiden:

- »Mindesthaltbarkeitsdatum« (MHD)
- »Period after Opening« (PAO)

Mindesthaltbarkeitsdatum (MHD)

Erstens: Dem Mindesthaltbarkeitsdatum (MHD), so wie wir es von Lebensmitteln kennen. Dieses ist dann erforderlich, wenn das Mittel weniger als 30 Monate (zweieinhalb Jahre) haltbar ist. Andernfalls muss es nicht angegeben werden. Wird es angegeben, können wir es an dem üblichen »Mindestens haltbar bis:« oder dem Sanduhr-Symbol (eine kleine Sanduhr mit etwas Sand in der unteren Hälfte) in Kombination mit entweder Monat und Jahr oder Tag, Monat und Jahr erkennen.

Period after Opening (PAO)

Das andere wichtige Symbol ist das sogenannte Tiegel-Symbol. Das sieht aus wie eine kleine Creme-Dose mit geöffnetem Deckel und gibt die PAO an, die Period after Opening. Die PAO beschreibt die Zeit, die du das Produkt nach dem erstmaligen Öffnen der Verpackung noch sicher benutzen kannst. Sie wird entweder in Monaten oder in Jahren angegeben. Das Tiegel-Symbol mit einer 24 bedeutet also, dass du das Produkt nach dem Öffnen für zwei Jahre sicher benutzen kannst.

Du hast die Symbole selbst schon unzählige Male gesehen, auch wenn du dich nicht bewusst daran erinnern oder sie jetzt zuordnen kannst. Wenn du kosmetische Produkte besitzt, die du vielleicht nur ganz selten oder nur einmalig benutzt hast, dann kannst du anhand des MHD und der PAO schnell aussortieren, was definitiv schon mal weg kann. Zudem kannst du damit ein gutes Gespür dafür entwickeln, welche Produkte sehr wenig benutzt in den Müll gewandert sind und beim nächsten Einkauf bewusster darauf achten.

Auch bei der Hausapotheke kannst du recht einfach aussortieren. Hier gibt es ebenfalls ein Mindesthaltbarkeitsdatum und eine PAO. Bei flüssigen Medikamenten, also etwa Salben oder Tropfen, ist höchste Vorsicht geboten, weil sich darin nach den angegebenen Fristen Keime bilden können. Es lohnt sich also, mal alle Fläschchen und Tuben durchzugehen und zu kontrollieren. Bei festen Medikamenten, wie etwa Tabletten oder Pillen, ist die Gefahr, dass sich gefährliche Keime bilden, gering. Dafür können sie nach den angegebenen Fristen ihre Wirkstoffe abbauen. Da es hierbei um unsere Gesundheit geht und es unmöglich für mich ist, nun für jedes Medikament allgemeingültige Aussagen zu treffen, solltest du im Zweifel immer mit deinem Arzt oder Apotheker sprechen. Wenn du dir unsicher bist, sortiere die Medikamente aber lieber aus, als sie beispielsweise aus Kostengründen auch nach den angegebenen Fristen noch einzunehmen.

Wie du siehst, lässt sich selbst im Badezimmer noch gut aussortieren. Auch hier heben wir viele Produkte auf, weil »wir sie ja irgendwann noch brauchen könnten« und verlieren ganz automatisch mit der Zeit ihre Haltbarkeit aus dem Blick. Dann liegen sie rum, nehmen Platz ein und wenn es wirklich mal ernst wird – insbesondere bei den Medikamenten – haben wir zwar welche da, dürfen sie aber nicht mehr einnehmen. Um Ersatz haben wir uns natürlich nicht gekümmert, weil wir ja davon ausgegangen sind, noch genügend vorrätig zu haben.

Aber auch bei Kosmetik und anderen Drogerieartikeln können wir mit ein bisschen Organisation und Selbstreflexion bares Geld sparen und vielleicht auf die eine oder andere Creme, das fünfte Parfüm oder die dritte Deo-Sprühdose verzichten, wenn uns deren Vergänglichkeit klar wird.

Beim Thema Vergänglichkeit können wir gleich in der Küche weitermachen. Lebensmittel schließe ich zwar generell vom Minimalismus aus, weil sie Verbrauchsgüter sind, die wir, ebenso wie Kosmetik, in einem ständigen Fluss kaufen und konsumieren und das selbstredend für unser Fortbestehen zwingend brauchen. Aber mit einem minimalistischen Mindset, das haben wir in den Kapiteln über Kleidung und Nachhaltigkeit gelernt, geht auch ein ganz bestimmtes Bewusstsein einher: das für Nachhaltigkeit.

Viele Ressourcen, die uns selbstverständlich erscheinen, sind endlich. Irgendwann, in ein paar Hundert Jahren vielleicht, wird es viele wichtige Ressourcen auf diesem Planeten einfach nicht mehr geben. Und für einen sehr großen Teil der Menschheit heute gibt es all das, was wir hierzulande konsumieren können, überhaupt nicht. Denken wir nur mal an Trinkwasser, knackiges Obst und Gemüse, den ständigen Nachschub an Grundnahrungsmitteln wie Brot, Kartoffeln, Reis oder Nudeln, ein frisches Stück Fisch oder Fleisch. Durchgehende Kühlketten, die fast 100-prozentige und selbstverständliche Sicherheit, dass wir uns keine Lebensmittelvergiftung einfangen bei dem, was wir im Supermarkt kaufen – all das sollten wir wertschätzen.

Deswegen müssen wir uns nicht schlecht fühlen. Davon geht es einem anderen Menschen am anderen Ende der Erde auch nicht besser. Aber wir können mit Nachhaltigkeit und Bewusstsein dafür sorgen, dass wir weniger Lebensmittel und Wasser verschwenden. Dass wir auf die Produktionsbedingungen achten und nicht mit einer »bloß maximal günstig«-Mentalität immer weniger Geld bei den Menschen übrig lassen, die ganz am Anfang der Produktionskette stehen.

Ich denke hier an Initiativen wie Fair Trade. Die Produkte sind zwar teurer, aber dafür kommt auch mehr bei den Menschen an, die sie anbauen (Kaffee oder Schokolade beispielsweise). Fair produzierte Waren sollten auch so bezahlt werden. Auch wenn wir Tausende Kilometer weit entfernt wohnen, können wir trotzdem dafür sorgen, dass bei unserem (entfernten) Geschäftspartner ein Betrag ankommt, von dem er gut oder zumindest besser leben kann.

Das alles spart uns keinen Platz und ist auch nicht minimalistisch im Wortsinn. Es verkörpert aber den Lebensstil von Minimalisten und den tiefen Wunsch, durch bewussteren Konsum mehr Sinn und Bedeutung in das eigene Leben zu bringen.

Vor allem der Punkt der Verschwendung von Lebensmitteln wird erst wirklich greifbar, wenn wir uns die Zahlen anschauen. Im Schnitt wirft jeder von uns pro Jahr 55 Kilogramm oder pro Tag 150 Gramm Lebensmittel in den Müll. Das sind 4,4 Millionen Tonnen in deutschen Privathaushalten. Auch hier spielt das Mindesthaltbarkeitsdatum eine große Rolle. Ich kenne das von mir selbst. Ich bin als Typ bei Lebensmitteln eher vorsichtig und bemesse dem Mindesthaltbarkeitsdatum eine viel zu große Bedeutung bei. Dabei gibt es einen Unterschied zwischen »mindestens haltbar« und »ungenießbar«. Das »mindestens« ist hier der Schlüssel. Es ist eine Art Garantie des Herstellers, bis wann wir mindestens mit der Haltbarkeit rechnen können. Nur: Der Joghurt weiß nicht, wann er schlecht werden muss. Er kann nicht um Mitternacht schlagartig umgehen und ungenießbar sein.

Hier gilt, außer bei sehr sensiblen Lebensmitteln wie rohem Fleisch, Fisch und so weiter, dass wir ruhig auf unsere Sinne vertrauen können. Riecht ein Lebensmittel noch gut, sieht gut aus und schmeckt gut, dann ist es meistens auch noch gut. Natürlich sollten wir hier keine Kompromisse eingehen. Wenn du Zweifel hast, ist die bessere Entscheidung immer, das Lebensmittel wegzuwerfen, bevor du dir selbst schadest. Oftmals aber schauen wir es ja nicht mal mehr an, wenn wir vorab das MHD entdeckt haben.

Um weniger wegwerfen zu müssen gibt es einige einfache Tricks, die zu beherzigen schon einige Verschwendung minimiert.

Mach' es mit Plan

Ein fester Plan beim Einkauf basierend auf den geplanten Mahlzeiten ist so ein Trick. Dadurch kaufen wir nicht blind ein und sortieren dann schlimmstenfalls daheim aus.

Aus den Augen, aus dem Sinn

Auch die Lagerung ist wichtig. Versuche so viele Lebensmittel wie möglich im sichtbaren Bereich des Kühlschrankes zu lagern. Einmal in einer Dose im hinteren Teil des untersten Faches gelagert, passiert meistens das, was uns bei wichtigen Aufgaben auch gerne mal passiert: aus den Augen, aus dem Sinn. Versuche Lebensmittel so zu sortieren, wie ein Supermarkt es auch macht: Die älteren Joghurts nach vorne, die neueren in die zweite Reihe.

Visualisierung des Problems

Mit etwas Planung und System lassen sich so viele unnötige Abfälle leicht vermeiden und wichtige Ressourcen sparen. Zudem sparst du hier auch noch Geld beim nächsten Einkauf, das du sonst vielleicht irgendwann in den Mülleimer geworfen hättest. Lass dir dieses Bild ruhig mal durch den Kopf gehen, denn nichts anderes tun wir alle fast täglich, wenn wir zu viele Lebensmittel eingekauft haben und dann noch genießbare Lebensmittel wegwerfen: Wir werfen Geld in den Mülleimer.

Neben den Lebensmitteln lässt sich in der Küche aber auch anderweitig minimalistisch ansetzen. Insbesondere beim Thema Geschirr. Gläser, Tassen, Dosen, Teller, Schüsseln, Besteck, Pfannen, Töpfe – oftmals passt hier nichts so wirklich zusammen. Wir haben alles im Überfluss über verschiedene Umzüge, Zusammenzüge oder Einweihungspartygeschenke angesammelt und nun 14 verschiedene Tassen, eine Zillion Dosen und Döschen (wo kommen die nur immer wieder her?), zwei oder drei verschiedene Besteckssets und so manchen unpassenden Teller im Schrank. Vielleicht kennst du das, wenn du den Schrank mit den Gläsern und Tassen aufmachst und sich die Tassen schon so hoch ineinander stapeln, dass du wirklich aufpassen musst, keinen Scherbenhaufen zu produzieren. Dann weißt du, dass es vermutlich zu viele sind. Oder wann hast du zuletzt für 14 Personen Kaffeetassen gebraucht? Auch der Besitz von drei Bestecksets, meist keines so richtig vollständig, macht in Zeiten von Spülmaschinen oder warmem Wasser aus dem Hahn wenig Sinn. Hier können wir kräftig aussortieren und viel Spendenmaterial sammeln für Familien, die das von uns ungenutzte Geschirr auch wirklich nutzen.

Die »Unsicher«-Box

Wenn du dir unsicher bist bei dem, was du gerade gelesen hast, dann achte einfach mal ein paar Tage intensiver drauf, welches Geschirr du nutzt und welches die meiste Zeit über nur Platz im Schrank wegnimmt. Du kannst auch eine weitere Strategie austesten. Ich nenne sie: die »Unsicher«-Box.

Dafür nimmst du dir einfach eine alte Kiste oder einen Umzugskarton und packst alles, von dem du nicht ganz genau weißt, ob du es eigentlich brauchst, hinein. Die Kiste verklebst du nun gründlich und notierst dir auf einem Zettel, wann du sie weggepackt hast. Dadurch wird der Effekt am Ende noch größer, wenn du die Kiste dann Wochen oder Monate später wieder aufmachst und feststellst, dass du die Sachen gar nicht vermisst hast.

Die »Unsicher«-Box kannst du auch bei allen anderen Räumen und Gegenständen verwenden. Du wirst überrascht sein, wie wenig wir tatsächlich von unseren Sachen regelmäßig nutzen.

KINDERZIMMER.

Wenn du hingegen dein Kind fragst, was es von den Spielsachen wirklich noch nutzt, dann wird die Antwort meistens sein: ALLES! Für das Kinderzimmer können wir uns einiger Strategien und Tricks bedienen, die wir bereits kennengelernt haben. Der einzige Unterschied ist, dass wir bei unseren Kleinen – je nach Alter – nur schwer voraussetzen können, dass sie verstehen, warum Mama und Papa nun die geliebten Spielsachen aufräumen und aussortieren möchten. Das hat gar nichts mit dem Minimalismus zu tun, sondern ist nun mal hin und wieder ein nötiger Prozess in jedem Kinderzimmer.

Aber selbst wenn die Spielsachen seit Ewigkeiten nicht mehr benutzt wurden oder in einer Kiste verstauben, hängen für Kinder ganz viele Emotionen an den Teilen. Der einfache Weg wäre nun, einen günstigen Augenblick abzupassen, die alten Teile auszusortieren und darauf zu hoffen, dass es dem Kind niemals auffällt. Du hast eine faire Chance, dass das gut geht und du jeglichem Stress aus dem Weg gehst. Nur: Tust du deinem Kind damit wirklich einen Gefallen? Der Widerstand ist bei dieser Methode gleich null, der Lerneffekt allerdings auch. Wenn du für dich beschlossen hast, dass du mit weniger Besitz leben möchtest – ganz egal aus welchen tieferen Gründen – und das ein Weg ist, der zu mehr Glück und Zufriedenheit führt, dann wäre es doch eine vertane Chance, deinem Kind nicht die gleichen Systeme, Strategien und Denkweisen gleich von klein auf beizubringen. Stell dir einmal vor, du wärst erst gar nicht in die Situation gekommen, in der du irgendwann einmal gemerkt hast, dass es zu viel ist, dass du mehr Klarheit und Freiheit brauchst. Vielleicht wären dir dann einige Schulden erspart geblieben, die du viele Jahre zurückzahlen musstest. Vielleicht hättest du viel mehr Geld für tolle Reisen und Erlebnisse gehabt, statt es für unnützen Kram auszugeben. Vielleicht hättest du deine Altersvorsorge schon regeln können und die für dein Kind gleich mit.

Ich habe zu Beginn dieses Buches erwähnt, dass wir in diese Konsumgesellschaft hineingeboren werden. Wir lernen es einfach nicht anders und werden an nahezu jeder Ecke zum – meist übermäßigen – Konsum verführt. Kaufen, finanzieren, sich selbst belohnen, etwas Gutes für sich tun, Prozente sparen, endlich glücklicher sein. All das hören, lesen und sehen wir jeden Tag unzählige

Male in Prospekten, auf Plakaten, über Werbeanzeigen in sozialen Netzwerken, zwischen Filmen beim Fernsehen oder Liedern im Radio. Dagegen hilft nur: Bewusstsein und Reflexion. Ist dir all das bewusst und hast du für dich Denkweisen gefunden, die materielle Freiheit begünstigen? Dann ist es für dich eine leichte Übung, dem zu widerstehen. Ist es dir nicht bewusst, bist du dem schonungslos ausgeliefert.

Wäre es nicht folglich ein wundervolles Geschenk an unsere Kinder, wenn wir ihnen gleich von klein auf beibringen, wie dieses System funktioniert und wie sie auch ohne übermäßigen Konsum glücklich und zufrieden sein können? Neben Liebe und Vertrauen ist das wahrscheinlich eines der größten Geschenke, das wir unserem Kind oder unseren Kindern machen können. Es hält ein ganzes Leben lang und wird ihnen stets gute Dienste tun. So viel ist sicher.

Mir ist wichtig, an dieser Stelle gleich mit möglichen Missverständnissen aufzuräumen. Bitte beschenkt eure Kinder, macht ihnen so oft es geht eine Freude, stattet sie mit allem aus, was sie brauchen, um sich kreativ und phantasievoll auszuleben. Es gibt für mich kaum eine schlimmere Vorstellung als ein karges, kühles und minimalistisches Kinderzimmer nur um des Minimalismus wegen.

Kinderzimmer müssen (sorry, liebe Eltern!) unaufgeräumt sein, es muss Stifte geben und Bauklötze und Autos und Puppen und Stofftiere. Was ich am meisten an meiner Kindheit vermisse, ist diese grenzenlose Kreativität und Phantasie, mit der ich mich in alle möglichen Welten geträumt habe. Für einen Außenstehenden waren es ein paar Bauklötze auf dem Boden, für mich waren es Welten und Galaxien, Rennstrecken und ganze Großstädte, Zoos und Burgen. Das verlernen wir irgendwann. In der Pubertät ist es uncool, später fehlt uns die Zeit dafür und irgendwann ist da nichts mehr, wo irgendwann mal diese Tagträume waren. Geht es dir nicht auch so?

Es gibt allerdings einen schmalen Grat zwischen dem, was Kinder für ihre Entwicklung brauchen und dem, was uns die Werbung als das verkaufen will, das Kinder für ihre Entwicklung brauchen. Vornehmlich in den Werbeblöcken auf Kindersendern – zielgruppengerecht – wird dann für allen möglichen Schrott geworben. Die Werbeindustrie weiß inzwischen sehr präzise, wie sie ein Produkt anpreisen muss, um im kleinen Kinderkopf die richtigen Synapsen tanzen zu lassen. Und sie weiß auch, dass die Eltern zwar bezahlen, aber nicht entscheiden, was daheim einzieht. Zumindest oftmals. Wie diese Mechanismen funktionieren, kannst du ganz einfach bei deinem Kleinkind ausprobieren. Sprich dazu nur in einem super euphorischen Tonfall, lächle, lasse die Augen funkeln und denke dir irgendeinen beliebigen Grund aus – egal wie hanebüchen er ist. Und jetzt schlag deinem Kind irgendetwas vor, auf das es normalerweise keine Lust hätte.

»Sollen wir rausgehen und das Unkraut aus der Erde zupfen, weil sich die Steine in der Einfahrt dann freuen?« Du wirst überrascht sein, wie schnell ein kleines Kind Begeisterung für Unkrautzupfen, Kinderzimmeraufräumen oder Bücherlesen aufbringen kann.

(Und nein, liebe Eltern von Pubertierenden, die ihr gerade voller Begeisterung aufgesprungen und euren Kindern etwas von sich freuenden Steinen erzählt habt: Irgendwann durchschauen Kinder den Trick natürlich. Wäre ja auch zu einfach sonst, nicht wahr?)

Exakt so funktioniert die Werbung. Mit Neugier und Begeisterung ist es gar nicht so schwer, Kinderherzen für allen möglichen Quatsch zu erobern. Hast du dir nicht auch oftmals die Frage gestellt, wie es sein kann, dass dein Kind nun ernsthaft dieses Teil haben will, wo es doch (für dich) so offensichtlich ist, dass es billiger Schrott ist, schnell kaputt geht und dann ungenutzt rumliegt? Dein Kind kommt hier genau mit dem in Berührung, weswegen du gerade dieses Buch liest. Kurzfristige Befriedigung und schnelle Glücksgefühle durch Materielles, die genauso schnell verschwinden, wie sie gekommen sind.

Wir sprachen eben über den einfachen Weg, nämlich diese Teile einfach auszusortieren, wenn die Kleinen im Kindergarten oder bei Oma und Opa sind. Ich schätze, dass wir uns einig sind, dass das nicht der beste Weg ist. Deswegen schauen wir uns nun gemeinsam an, wie es besser geht.

72-Stunden-Regel

Kennst du dieses tolle anfängliche Glücksgefühl, wenn du etwas siehst, dass du haben willst? So entstehen Impulskäufe. Das Glücksgefühl ist dann schnell wieder weg. Das Teil bleibt aber bei dir, selbst wenn du es vielleicht am nächsten Tag gar nicht mehr so toll findest. Die 72-Stunden-Regel funktioniert so herrlich einfach, weil sie diese Impulse ausbremst. Dafür nimmst du dir einfach ein Blatt Papier mit zwei Spalten: Datum und Produkt.

Immer dann, wenn du etwas siehst, dass du im Impuls mitnehmen möchtest, schreibst du es mit dem aktuellen Datum drauf:

- *14.08.2019: Eismaschine*
- *16.08.2019: Rote Cowboystiefel*

Anschließend vergisst du das Teil und die Liste und versuchst nicht mehr daran zu denken. Nach genau 72 Stunden – also drei Tagen – nimmst du die Liste wieder zur Hand und überlegst dir, ob du diese Eismaschine wirklich brauchst und haben möchtest, oder ob sie nicht vielleicht doch eher die meiste Zeit ungenutzt rumstehen würde. Wenn die Antwort »ja« ist, dann kaufst du sie und freust dich daran. Ist die Antwort »nein«, lässt du es bleiben und hast einen Impulskauf vermieden. Manchmal vergisst du die Liste und das Produkt auch. Dann hast du deine Antwort ebenfalls. Was bei dir funktioniert, funktioniert auch bei deinen Kindern, wobei die Chance, dass sie das Produkt einfach vergessen, noch größer ist. Erkläre ihnen auf Augenhöhe, warum diese Liste Sinn macht. So, wie ich es dir gerade erklärt habe. Sie werden es verstehen und vielleicht sogar Spaß daran finden, wenn ihr ein Spiel daraus macht.

1 In, 1 Out

Das »1 In, 1 Out«-Prinzip, das wir uns bereits im Detail angeschaut haben, funktioniert nicht nur bei deinen Neuanschaffungen, sondern auch im Kinderzimmer. Wichtig ist nur, dass nicht du für deine Kinder die Entscheidung triffst, sondern dass sie sie selbst treffen dürfen. So lernen sie, aufzuräumen und auszusortieren. Und zudem noch Reflexion darüber, was sie wirklich haben möchten und was sie vielleicht nicht mehr so dringend brauchen.

Genau wie in deinem Kleiderschrank oder deiner Elektronik-Schublade könnt ihr so gemeinsam den Status Quo an Besitztümern halten, zeitgemäßes Spielzeug anschaffen und altes ausräumen. Auch hier kann es sein, dass sie Kinder einen eigenen Drang zum spielerischen Aussortieren entwickeln und du schon bald keine kleinen Kämpfe mehr ausfechten musst, um das Zimmer aufzuräumen.

Wichtig ist hierbei natürlich Fingerspitzengefühl, insbesondere bei sehr kleinen Kindern. Dränge sie zu nichts, überrede sie nicht, zwinge sie nicht. Zur Not bleibt das alte Teil eben da – bei Kindern muss das nicht immer perfekt sein. Kleine Kinder müssen ein Verständnis von Besitz und sich selbst erst noch entwickeln. Hier mit Zwang einzugreifen, kann ihnen mehr schaden, als wir annehmen. Probiere es aus, und wenn es noch nicht funktioniert, gib deinem Kind die nötige Entwicklungszeit für diese Ideen.

Sprechen, erklären, fordern und fördern

Diese Strategie ist eigentlich keine, und dann wieder doch. Mir fällt im Alltag oft auf, wie wenig Eltern mit ihren Kindern sprechen. Das Resultat sind meistens Schreitiraden und Quengelanfälle aller erster Güte, mitten im Supermarkt oder in der Fußgängerzone. Ich will das gar nicht tiefer bewerten, das steht mir nicht zu, und ich kenne die Hintergründe meistens auch nicht. Ich weiß aber, wie effektiv es sein kann, einem Kind zu erklären, warum irgendetwas gerade nicht geht. Oftmals wollen Kinder mit Geschrei, Tränen und Getrampel gar nicht durchdrücken, was der Ursprung der Diskussion war. Es ist vielmehr das Betteln darum, ernstgenommen und gehört zu werden. Und eine Erklärung zu bekommen.

Dass das nicht immer einfach ist, kann ich mir vorstellen. Dass die Geduld auch bei den besten Eltern irgendwann mal am Ende ist: geschenkt. Aber es lohnt sich so sehr. Wenn ich mich an meine eigene Kindheit zurückerinnere, dann kann ich keine Situation finden, in der ich mich nicht ernstgenommen gefühlt habe. Ich durfte immer meine Argumente vorbringen, mich immer verteidigen oder für meine Sache streiten. Das ist meinen Eltern zwar irgendwann mal auf die Füße gefallen, weil ich dadurch natürlich gelernt habe, Dinge bis ins letzte Detail auszudiskutieren, und es war dann auch hin und wieder mal ein Machtwort fällig, um mich zu bremsen. Aber dafür konnte ich schon sehr früh (und kann es heute noch ganz gut) artikulieren, was mich stört und eine Lösung mit meinem Gegenüber finden. Liebe Familie, das war den Stress doch wert, oder?

Du bringst deinem Kind nichts Sinnvolles bei, wenn du alles über seinen Kopf hinweg entscheidest. Du bringst ihm immer dann etwas bei, wenn du dich mit ihm beschäftigst, es ernst nimmst und ihm auf Augenhöhe etwas erklärst. So lässt sich praktisch alles, was ich versuche in diesem Buch auf Augenhöhe an dich weiterzugeben, auch auf Augenhöhe an ein Kind weitergeben. Erklär ihm, was Konsum ist. Was Minimalismus ist. Wie die Werbung funktioniert. Wie der Handel arbeitet. Wieso Konsumschulden schlecht sind. Wie wir Geld sparen können. Und am wichtigsten: Was uns wirklich glücklich macht.

Langeweile fördern statt bekämpfen

Klingt kurios, oder? Auch bei dieser Strategie kannst du den Selbstversuch machen. Denk mal kurz daran, wann du zu deinem Handy greifst und dich in den Tiefen von Facebook, Instagram oder YouTube verlierst. Wenn du einen tollen, ereignisreichen Tag hattest oder wenn du dich auf der Couch langweilst. Nicht anders verhält es sich mit Kindern, nur dass sie sich vielleicht nicht in soziale Netzwerke flüchten, sondern zum Fernseher und mit Werbung beschallt werden oder darüber nachdenken, was sie nicht alles genau jetzt an Konsumgütern brauchen.

Ist dir schon mal aufgefallen, dass wir uns heutzutage fast schon vor der Langeweile fürchten? Bloß nicht stehenbleiben, nicht mal einen Moment nichts tun. Immer in Bewegung, immer weiter. Es gilt ja auch als uncool, wenn man sagt, man hat einfach mal nichts getan. Cool hingegen ist vermeintlich, wenn man es geschafft hat, möglichst viel Arbeit, Termine, Telefonate, Treffen, Freizeit und Erlebnisse in minimal wenig Zeit zu pflastern, um sich bloß keinen Moment mal mit sich selbst zu beschäftigen. Denn dann könnte ja Langeweile aufkommen. Ich kenne das nur zu gut. Und greife dann schneller zum Handy als dir eine Elster den Silberring vom Gartentisch klaut. Mehr fällt mir manchmal nicht mehr ein – und so geht es vielen Menschen. Der Grund: Wir haben verlernt, Langeweile auszuhalten, weil wir immer etwas griffbereit haben, das uns davon ablenkt. Dabei stärkt Langeweile eine ganz wichtige Fähigkeit: Kreativität. Besonders bei Kindern.

Um das zu verstehen, müssen wir verstehen, was Langeweile eigentlich ist. Langeweile ist Monotonie für unser Gehirn. Keine Reize, keine Aufgabe, einfach sture Monotonie. Kennst du das Gefühl, dass deine innere Stimme anfängt, irgendwelchen Blödsinn zu quatschen und du dich dann dabei ertappst, wie du darauf versuchst zu antworten und dir total blöd vorkommst? Dein Gehirn ist dann, einfach formuliert, so unterfordert, dass es sich selbst beschäftigt. So entstehen Ideen, Kreativität, Phantasie. Hast du schon einmal über einem Problem auf der Arbeit gebrütet und kamst einfach nicht auf die Lösung und dann irgendwann, Tage später unter der Dusche oder beim Spülen, ist sie dir eingefallen? Wir müssen unserem Gehirn Raum geben, sich in der Stille zu entfalten. Und nicht mit der Mistgabel in der einen und einer Netflix-Serie in der anderen Hand hinter der Stille herlaufen, als wäre sie ein Erzfeind.

Langeweile ist gut und bringt uns zu neuen Erkenntnissen. Besonders Kinder sollten nicht verlernen, sich zu langweilen. Das können sie ruhig mal aushalten, ohne sich gleich vor den Fernseher oder das Tablet zu setzen. Der kuriose Teil dieser Strategie ist, dass die Langeweile dann auch recht schnell wieder weg ist, weil die Kinder lernen, darüber nachzudenken, worauf sie wirklich Lust haben. Im ersten Moment ist das der Fernseher, weil es einfach ist und kurzfristige Glücksgefühle auslöst. Vielleicht haben sie aber eigentlich viel mehr Lust darauf, eine Burg zu bauen oder mit den Kumpels auf einen Kirschbaum zu klettern. Sie können das nur herausfinden, indem sie Langeweile akzeptieren und durchleben.

So lernen sie, irgendwann nicht nur aus schierer Langeweile einzukaufen. Und sie lernen, was ihre wahren Leidenschaften sind. Meistens wird das nicht Konsum sein, sondern Erleben und Entdecken.

Die richtigen Geschenke

Ich hatte weiter oben bereits erwähnt, dass es mir nicht darum geht, Kindern in kargen und kühlen Umgebungen mit möglichst wenig Besitz den Minimalismus einzureden. Bloß nicht. Das bedeutet aber gleichzeitig nicht, dass wir sie gleich mit Schrott überschütten müssen. Statt 10 billigen, aber dafür minderwertigen Teilen, die unter Willichnichtwissen-Bedingungen produziert wurden und mit Dasauchnicht-Chemikalien durchtränkt sind und nach drei Tagen kaputt sind, lieber ein hochwertiges, fair produziertes und gesundheitlich unbedenkliches Teil, an dem sie lange viel Spaß haben. Statt dem nächsten Plastikmüll lieber etwas, das ihnen die Natur näher bringt. Statt der dritten Spielekonsole lieber etwas, das ihre Kreativität wirklich fordert und fördert.

Es gibt viele Möglichkeiten, Kinderherzen höher schlagen zu lassen und gleichzeitig sein Bewusstsein für Umwelt und Nachhaltigkeit nicht an der Kasse im Spielwarenladen abzugeben.

Dazu zählen auch Erlebnisse. Was glaubst du, wovon Kinder in einem Jahr noch mit leuchtenden Augen erzählen: Vom Plastikspielzeug oder vom Besuch im Tierpark? Von der Spielekonsole oder vom Camping-Ausflug? Von dieser einen App oder vom Fahrradtrip mit Mama und Papa?

Eben.

SHARING-ECONOMY.

Wir leben in einer Zeit, die zwar voll des Überflusses ist, aber gleichzeitig auch zahlreiche Möglichkeiten bietet, diesen zu vermeiden. Das Internet hat die Welt kleiner gemacht. Wir können viel schneller andere, uns gleichgesinnte Menschen finden, die die gleichen Herausforderungen und Probleme haben wie wir. Das ist (nicht nur) unter Minimalismus-Aspekten ein riesiger Schatz, den es zu nutzen gilt.

Das Teilen von allen möglichen Dingen in organisiertem Stil wird Sharing-Economy genannt. Über die letzten Jahre haben sich zahlreiche Unternehmen auf dieser Sharing-Economy gegründet, die Dienste anbieten, mit denen wir unsere unbenutzten Besitztümer teilen können oder erst gar keine Besitztümer anschaffen müssen, weil wir uns mit anderen Menschen die Produkte dieser Unternehmen teilen.

Das wohl größte Beispiel für die Sharing-Economy ist das Auto. Unsere Autos stehen im Durchschnitt pro Tag 23 Stunden ungenutzt herum. Aus den Fahrzeugen sind also irgendwann mal Stehzeuge geworden. Anders ausgedrückt: Im Schnitt fahren wir eine Stunde am Tag Auto. Lohnt es sich dafür wirklich, ein Auto zu besitzen, je nach Einkommensklasse 500 Euro, 5.000 Euro oder 50.000 Euro dafür auszugeben, Versicherung und Steuern zu zahlen, zu tanken – vom Wertverlust ganz zu schweigen?

Es kommt nun ein bisschen darauf an, wo du wohnst und welche Strecken du zurücklegen musst. Als Landei, das jeden Tag lange Strecken in die nächste Großstadt fahren muss, wirst du eher ein Auto brauchen, als wenn du eine Stadtsocke bist und sowieso nur von der einen auf die andere Seite der Stadt kommen musst. Hier kommt nun das Teilen ins Spiel. Ein paar Unternehmen haben sich irgendwann mal gedacht, genügend Autos in den Städten abzustellen, eine App einzurichten, mit der man die Autos entsperren kann und dann kilometer- oder zeitweise abzurechnen. Du musst also kein Auto kaufen, um ein Auto fahren zu können.

Natürlich muss so etwas, wenn du es in dein Leben einbauen möchtest, getestet und gut durchkalkuliert werden. Und natürlich gibt es dabei Nachteile und genügend Dinge, die es zu kritisieren gäbe. Aber es ist eine Möglichkeit, wie wir viele Autos von den Straßen bekommen könnten. Stell dir nur mal vor, die Autos würden pro Tag von 12 Menschen genutzt werden. Sie wären also im Schnitt 12 Stunden unterwegs und stünden nur noch 12 Stunden herum. Auf einen Schlag und nur mit diesem einen Auto könnten 11 Autos eingespart werden. Rechne das nun mal auf beliebig viele Autos hoch, bis der Bedarf gedeckt ist. Viele Parkplatz-Probleme wären auf einen Schlag erledigt. Dasselbe Prinzip gilt natürlich auch für Fahrräder oder E-Roller, wenngleich es auch hier Probleme und Kritikpunkte gibt. Wir befinden uns in einer Übergangsphase zu einem neuen Zeitalter der Mobilität. Es läuft nicht alles rund, kein System hat sich bisher richtig durchgesetzt. Aber es wird kommen, so viel ist sicher.

Eine weitere Möglichkeit, teure Besitztümer wie das Auto zu ersetzen, ist der Öffentliche Personennahverkehr. Falls du Autofahrer bist, kann ich dein innerliches Kopfschütteln gerade förmlich spüren. Aber auch der ÖPNV ist eine Form des Teilens, der nachhaltigen Fortbewegung, der Umweltschonung. Nehmen wir mal als Beispiel an, wir müssten eine Million Menschen von A nach B bringen.

Wir haben folgende Optionen:

- jeder nimmt sein Auto
- wir nutzen Busse (ca. 100 Passagiere)
- wir nutzen die Regionalbahn (ca. 400 Passagiere)

Wir bräuchten entweder eine Million Autos, 10.000 Busse oder 2.500 Züge, um diese Menschenmenge zu bewegen (natürlich nur angenommen, sie würden alle von A nach B wollen). Ein gewaltiger Unterschied, oder?

Natürlich ist das unbequemer, natürlich ist das auch mal nervig und stressig. Aber unterm Strich ist es eine Abwägungssache aus Kostenersparnis, Zeitersparnis oder -verlust, dem guten Gewissen, der Umwelt (sowohl Mensch als auch Natur) etwas Gutes zu tun und der zeitlichen Machbarkeit. Mir ist bewusst, dass die Bequemlichkeit für viele wichtiger als die anderen Punkte ist – und das ist absolut in Ordnung so. Aber vielleicht wird der eine oder andere die Optionen zumindest mal gegenüberstellen und wird feststellen, dass es neben ein paar Nachteilen auch viele Vorteile gibt. Ich würde es uns allen wünschen.

Teilen können wir aber nicht nur im Verkehr. Wie wäre es zum Beispiel mit Apps, die Kleidung zum Tausch vermitteln, oder Coworking-Spaces, wo du dir statt ein eigenes Büro zu mieten und einzurichten einfach einen Schreibtisch mietest und gleichzeitig noch gute Gesellschaft genießt? Die Sharing-Economy wächst stetig und ist zumindest einen Blick wert, bevor die nächste größere Anschaffung ansteht.

Es müssen aber auch nicht immer bereits existierende Unternehmen sein, die uns auf die Idee zum Teilen bringen. Das können wir auch selbst organisieren.

Denke nur mal an deinen Rasenmäher. Der steht nicht 23 Stunden herum wie dein Auto, sondern eine ganze Woche oder noch länger (je nach Rasenhalmlängenvorliebe – was für ein Wort). Deinem Nachbarn geht es genauso. Tut euch zusammen, kauft euch einen Rasenmäher, teilt ihn.

Du wohnst auf dem Land und musst täglich in die Stadt zur Arbeit? Ich wette, auf deiner Straße geht es mindestens drei anderen Nachbarn genauso. Sprecht miteinander!

Du wohnst etwas ungünstig und von dir aus fährt kein Bus zur Schule deiner Kinder? So geht es den anderen Eltern in deinem Ort auch. Organisiert euch!

Du brauchst ein ganz bestimmtes Werkzeug für eine Renovierung? Die Chancen stehen gut, dass einer deiner Nachbarn so ein Teil hat und es gerade nicht braucht. Frag ihn!

Die Möglichkeiten zum Teilen und somit Minimieren von unser aller Besitz sind schier unendlich. Natürlich hat das auch Nachteile, und vielleicht gibt es auch mal Streit darüber. Aber die Vorteile überwiegen oftmals trotzdem. Zudem lassen sich so ganz neue Beziehungen aufbauen, vielleicht neue Freunde finden.

Es kann nie schaden, sich ab und an mal mit anderen Menschen auszutauschen. Vielleicht entsteht etwas Gutes für beide Seiten daraus.

Wer weiß?

FINANZEN.

Beim digitalen Minimalismus haben wir schon festgestellt, dass Minimalismus nicht nur etwas mit materiellem Besitz zu tun hat. Es geht um das Mindset und darum, grundsätzlich aufgeräumter zu sein, sein Leben im Griff zu haben (oder es in den Griff zu bekommen) und überflüssigen Ballast loszuwerden. Dabei spielen auch die Finanzen eine nicht zu unterschätzende Rolle. Auf der einen Seite, weil die finanzielle Situation häufig und für viele Menschen eine echte Belastung ist. Und auf der anderen Seite auch, weil wir durch einen minimalistischen Lebensstil natürlich viel Geld sparen können und nun ein sinnvolles System brauchen, was wir damit anstellen können. Schließlich soll es sich ja vermehren und nicht – zum Beispiel durch die Inflation und unsere Nullzins-Ära – weniger werden.

Die Finanzen sind für viele Menschen ein rotes Tuch. Der Grund dafür ist einfach: Die Einstiegsbarrieren, sich selbst mit seinen Finanzen zu beschäftigen, erscheinen auf die ersten Blicke relativ hoch. Auf der anderen Seite ist unser Vertrauen in Bank- oder Versicherungsberater nicht sonderlich gut ausgeprägt. Was bleibt, sind oftmals die Scheuklappen: Alles halbwegs zum Laufen bringen und danach bestenfalls nie wieder etwas von seinen Finanzen hören. Bei dieser Taktik entstehen über die Jahre viele Probleme. Beispielsweise fallen irgendwann viel zu hohe Kosten für nahezu alle Verträge an. Oder wir bezahlen blind irgendwelche Bankgebühren, die wir vermeiden könnten. Was her muss, ist ein Plan. Einer, der die Angst vor den Finanzen nimmt und uns vielleicht sogar etwas Spaß bringt. Ich bin fest davon überzeugt, dass es Sinn macht, seine Finanzen selbst in die Hand zu nehmen. Wir brauchen keine Berater dafür, und wenn es doch mal nötig wird, dann können wir mit etwas finanzieller Bildung viel besser feststellen, wer uns gegenüber sitzt und was seine wahren Motive sind. Auch hier gilt, wie bei den Handwerkern, natürlich kein Generalverdacht. Es gibt nur auch in dieser Berufsgruppe, wie übrigens in jeder anderen auch, ein paar schwarze Schafe, die man nur dann erkennen kann, wenn man ein Mindestmaß an Wissen besitzt.

Schauen wir uns zunächst an, wie wir finanzielle Klarheit bekommen können. Dafür brauchen wir natürlich erst einmal einen Überblick über den

Status Quo. Ich empfehle dafür eine Tabelle auf dem Computer, im Grunde nichts anderes als ein digitales Haushaltsbuch. Dort trägst du nun einmal alle Ausgaben ein, die du im Monat so hast. Unsere Ausgaben unterteilen sich grob immer in zwei Kategorien: fixe und variable Ausgaben. Variable Ausgaben sind so etwas wie ein Restaurantbesuch oder ein spontaner Shopping-Trip mit den Freunden. Fixe Ausgaben sind unsere Miete, Versicherungen oder Handyverträge – also alle planbaren, festen Kosten. Die Unterscheidung ist wichtig, weil wir später an beiden Schrauben gut, aber unterschiedlich drehen können.

Fixkosten

Wenn du nun eine Liste mit all deinen Fixkosten hast, siehst du auf einen Blick, für was du alles regelmäßig (monatlich, quartalsweise, jährlich) Geld ausgibst. Ich würde behaupten, dass du hier bei fast jedem Punkt Geld sparen kannst – und das nicht nur ein Mal, sondern jedes Jahr. Beispielsweise mit deinem Handyvertrag. Der läuft in der Regel 24 Monate mit einer Kündigungsfrist von drei Monaten. Mein Tipp: Kündige ihn immer rechtzeitig. Die Chancen stehen hoch, dass du von deinem Anbieter ein besseres Angebot, auf Preis oder Leistung bezogen, bekommst oder einen anderen Anbieter findest, der noch günstiger oder besser ist.

Oder deine Kfz-Versicherung. Hier lohnt es sich auch, die Tarife regelmäßig zu vergleichen. Entsprechende Portale – übrigens auch für fast alle anderen Verträge und Versicherungen – gibt es inzwischen ja genügend (Links dazu findest du ganz einfach mit einer kurzen Suche), oftmals springt noch eine kleine Wechselprämie für dich mit dabei heraus. Aber auch ohne einen Wechsel kann eine Prüfung Sinn machen, etwa bei den jährlich gefahrenen Kilometern, die du bei Abschluss der Versicherung angegeben hast. Vielleicht hat sich hier etwas geändert und deine Wege sind inzwischen kürzer? Ein zweiminütiger Anruf bei der Versicherung hat meine Kosten so um 15 Prozent gesenkt. Oder du überprüfst, ob du eine Versicherung überhaupt benötigst. Hier eine Faustregel: Versichere nur, was existenzbedrohend ist oder zumindest extrem teuer. Wobei natürlich nur du selbst diese Grenze relativ zu deinem Einkommen ziehen kannst.

Wie sieht es mit Abonnements aus? Bucht bei dir regelmäßig das Fitnessstudio ab, obwohl du lange schon nicht mehr da warst? Oder liegt jede Woche ein Magazin in deinem Briefkasten, das du meistens sowieso nicht mehr liest? Wie sieht es mit diversen Online-Diensten, Apps oder Streaming-Plattformen aus? Eine Kündigung ist in zwei Minuten geschrieben und verschickt, und schon bist du zum nächstmöglichen Zeitpunkt aus dem Vertrag raus.

Woran sich nicht so leicht drehen lässt, ist natürlich die Miete. Wobei auch hier, wenn auch in seltenen und extremen Fällen, der Minimalismus und eine bewusstere Lebensweise helfen können. Zum Beispiel dann, wenn du eine viel zu große Wohnung bezogen hast, um all deinen Besitz unterzubringen. Es ist schwer vorstellbar, aber wir mieten (und bezahlen) ganze Räume zusätzlich zu unserem eigentlichen Bedarf an, nur um Kram unterzustellen. Die durchschnittliche Quadratmeter-Miete in Deutschland beträgt 2019 etwa 9 Euro.

Auf ein 8 Quadratmeter-Zimmer gerechnet, sind das pro Jahr alleine über 850 Euro Kosten, die wir einsparen könnten, wenn wir nicht so viel Zeug besitzen würden. In Städten ist es natürlich noch viel mehr. Wie gesagt: natürlich ist das der Extremfall, aber in so einem Fall kann sich ein

Umzug natürlich irgendwann lohnen und auf dem Konto in puncto Fixkosten deutlich ins Gewicht fallen.

Variable Kosten

Neben den Fixkosten haben wir in unserer Tabelle auch noch die variablen Kosten. Das sind all die Kosten, die nicht planbar sind. Wenn du beispielsweise hin und wieder etwas unternimmst, ins Restaurant gehst, eine kleine Reise machst, shoppen gehst oder anderweitig spontan oder unregelmäßig Geld ausgibst, fällt das in diese Kategorie. Wir müssen uns nicht – wie bei den Fixkosten – jeden Punkt anschauen und überlegen, wie wir ihn reduzieren können. Reduktion ist auch gar nicht das Hauptziel. Das ist vielmehr, dass wir an den richtigen Stellen sparen, um dann an den richtigen Stellen Geld zu haben, das wir ausgeben (oder investieren) können. Wenn du dieses Buch bis hierhin gelesen hast, weißt du, welche Ausgaben verringert werden können – unnötiger Konsum – und bei welchen Ausgaben es sich lohnt, Geld auszugeben. Dazu zählen tolle Erlebnisse, die Erinnerungen schaffen. Reisen. Momente mit deinen Liebsten. Alles, was nachhaltiges Glück bringt.

Mach deine Finanzen zu einer Priorität

Nun hast du einen guten Überblick über deine Finanzen, hast mögliche Sparpotentiale entdeckt und kannst besser einschätzen, wie viel Geld du jeden Monat ausgibst und wie viel davon vermeidbar wäre. Ich finde diesen Überblick wichtig, weil er teils wahre Schock-Erlebnisse auslösen kann, die dann zu einer dringend notwendigen Erkenntnis und Einsicht führen. Nun geht es darum, deine Finanzen zu einer Priorität in deinem Leben zu machen. Natürlich: Geld ist nicht das Wichtigste im Leben. Aber unser aller Leben dreht sich um Geld. Wir müssen Wasser, Lebensmittel und Benzin kaufen, Miete und Versicherungen bezahlen, die Kinder brauchen Schulsachen, Bücher, Spielzeug.

Deswegen muss Geld eine Priorität in unserem Leben sein, auch wenn es unpopulär ist, das so zu sagen. Dazu zählt der bereits erstellte Überblick, aber auch, dass wir Rechnungen nicht bis zum letzten Drücker (oder länger) liegen lassen, sondern sofort bezahlen. »Aus den Augen, aus dem Sinn« ist weniger gut als »bezahlt, aus dem Sinn«. So vermeiden wir unnötigen Stress, Mahnungen, Gebühren und Verzugszinsen ganz automatisch. Schulden, egal ob bei Banken oder privat, sollten schnellstmöglich getilgt oder mit einem realistischen Rückzahlungsplan ausgestattet werden. Zu wissen, dass man keine Schulden hat oder dabei ist, sie geregelt abzustottern, löst so viel Druck und senkt mit jeder Zahlung die Zinsbelastung. Neue Konsumschulden sollten gar nicht erst gemacht werden. Wenn du es dir nicht leisten kannst, lass es liegen! Auch wenn der Verkäufer so sympathisch von der Null-Prozent-Finanzierung erzählt, als wollte dich dein bester Freund von einem Wochenendtrip zu einem wunderschönen Haus am See überzeugen. Auch wenn die Kreditkarte mit ihrem Kreditrahmen jetzt so wunderbar einfach wäre und »du es ja verdient hast, dich nach dieser schweren Woche mal so richtig zu belohnen«.

Keine Konsumschulden und alle Rechnungen bezahlt zu haben, ist ein wunderbares Gefühl. Dafür müssen aber zwei Dinge eintreten: Deine Einstellung zu übermäßigem Konsum hat sich geändert und deine Finanzen sind Priorität. Nur so schaffst du es, dass deine Finanzen eben keine Priorität mehr sind. Paradox? Ja, irgendwie. Und doch so wahr.

Wohin mit dem Geld?

Wenn du die minimalistische Lebensweise für dich, vielleicht auch nach dieser Lektüre, für erstrebenswert hältst und in deinen Alltag integrierst, lösen sich insbesondere in puncto Finanzen ganze Lawinen voller Last von deinen Schultern. Mehr, als du dir jetzt vorstellen kannst, wenn du noch nicht minimalistisch lebst. Da wären zum einen die diversen Einnahmen, die du durch den Verkauf deiner aussortierten Sachen erzielst. Aber viel wichtiger noch – weil von nun an fortlaufend Teil deines Lebens – die unzähligen Einsparungen, die du machen wirst. Geld an sich ist nicht wichtig, wenn du welches hast. Geld ist immer nur dann wichtig, wenn du zu wenig davon hast. Leider ist es gerade übermäßiger Konsum oder fehlende Finanzbildung (warum ist das kein Schulfach?), die dafür sorgen, dass wir uns in Schulden verlaufen, oftmals gar nicht bewusst, sondern schleichend. Schon die winzige Änderung in deinem Verhalten, vor einem Kauf genau nachzudenken, ob du dieses Teil wirklich in deinem Leben haben möchtest und es dich nachhaltig glücklicher macht, wird deinen Konsum so drastisch abbremsen, dass du plötzlich am Ende des Monats noch Geld übrig hast – und nicht umgekehrt. Und falls du das ohnehin hast, dann wird es noch viel mehr sein.

Das stellt uns vor eine weitere Frage: Wohin damit? Zugegeben, es gibt sicher schlimmere Probleme als das. Aber auch die Anlage des Geldes ist ein Thema, vor dem sich viele Menschen fürchten, weil die Anfangshürden so hoch sind. Ich bin kein Finanzberater und möchte es auch nicht sein, aber ein paar grundlegende Tipps aus meiner eigenen Erfahrung möchte ich dir mitgeben.

Notgroschen

Es ist nie verkehrt, flüssig zu sein. Das erreichst du am besten über einen Notgroschen, der zum Beispiel auf einem anderen Girokonto oder auf einem Tagesgeldkonto liegt. Je nachdem, wie sicher deine Anstellung und wie hoch dein Vermögen schon ist, kannst du hier mit etwa drei bis sechs Monatsgehälter rechnen. Damit senkst du deinen (finanziellen und vielleicht sogar existentiellen) Druck gleich um ein Vielfaches und kannst ruhiger schlafen.

Anlage

Wir leben in einer Null-Zins-Ära. Das bedeutet, dass du für dein Geld keine Zinsen mehr bekommst, wenn du es auf einem Sparbuch, auf einem Tagesgeldkonto oder als Festgeld anlegst.

Schlimmer noch: Durch die Inflation, etwa 1,8 bis 2 Prozent pro Jahr, sinkt die Kaufkraft deines Geldes jedes Jahr noch. Dein Realzins ist also negativ. Das Minimalziel sollte also sein, eine Anlage zu finden, die dein Geld mindestens stabil hält, also etwa zwei Prozent pro Jahr erwirtschaftet. Noch besser wäre es natürlich, wenn sich dein Geld vermehrt.

Leider ist die Aktionärsquote in Deutschland erschreckend gering. Wahrscheinlich hast du auch diesen einen Freund, der damals mit der Telekom-Aktie viel Geld verloren hat? Oder warst vielleicht sogar selbst davon betroffen? Aktien sind deshalb nicht böse. Sie sind eine gute Möglichkeit, langfristig (das Zauberwort!) Vermögen aufzubauen. Die Märkte schwanken kurz- bis mittelfristig, aber wachsen langfristig. Zumindest zeigen das die letzten Jahrzehnte.

Tausche Verbindlichkeiten gegen Werte

Ich habe lange Zeit jedes Jahr mein altes iPhone verkauft und mir ein neues gekauft. Ich gebe als Minimalist fast kein Geld aus, aber das war mein Highlight jedes Jahr. Irgendwann habe ich angefangen, die 300 Euro nicht mehr für die kurzfristige Freude über ein neues iPhone zu konsumieren. Stattdessen habe ich mir für die 300 Euro zwei Apple-Aktien gekauft. Und wieder zwei. Und danach wieder zwei. Die sind inzwischen ziemlich ordentlich im Kurs gestiegen und werfen mir alle drei Monate eine Dividende ab. Statt einem Gerät, das an Wert verliert (eine Verbindlichkeit) habe ich mir einen Wert gekauft, der für mich arbeitet und mein Geld vermehrt. So kannst du es mit fast allem machen:

- Du kaufst dir keine neue Handtasche? Kauf dir Aktien von LVMH oder Hermès.
- Du hörst auf zu rauchen? Kauf dir Aktien von Altria oder British American Tobacco.
- Du verzichtest auf Süßgetränke und Fastfood? Kauf dir Aktien von Coca Cola, PepsiCo, oder McDonald's.

(Keine Anlageempfehlung, nur Beispiele!)

Tausche Verbindlichkeiten gegen Werte. Lass dein Geld für dich arbeiten, nicht gegen dich. Zudem ist es noch viel leichter, auf den Konsum zu verzichten, wenn du gleichzeitig etwas Gutes für deine Zukunft tust.

Streuung

Du musst nun kein Aktien-Experte werden, um dein Geld an der Börse anzulegen. Dafür gibt es Fonds von Banken und Versicherungen, die dein Geld breit gestreut anlegen. Noch besser: Du überspringst die Anfangshürden, eignest dir das nötige Wissen selbst an und investierst in passiv gemanagte ETFs (börsengehandelte Fonds), sparst dir die teils unverschämt hohen Ausgabeaufschläge der Banken und kannst trotzdem von einer breiten Streuung profitieren, zum Beispiel mit einem ETF auf über 1.600 Unternehmen auf der ganzen Welt.

Wie gesagt: Ich bin kein Finanzberater. Bitte sprich im Detail mit jemandem über deine Finanzen, der das gelernt hat oder baue dir selbst die nötige finanzielle Bildung auf, um zu beurteilen, ob meine Tipps für dich Sinn ergeben. Ich gebe natürlich keine Empfehlungen ab und weise auf mögliche Risiken hiermit hin. Die Frage ist nur für dich, was die Alternative zu diesen Risiken ist. Dass dein Geld faktisch jährlich weniger wird, kann keine Alternative sein.

Finanzielle Klarheit ist ein wichtiger Teil des Minimalismus. Sie sorgt dafür, dass du dir über deine Ausgaben bewusst wirst. Dass du ruhiger schlafen kannst und dass du über die Zeit mit dem nicht konsumierten Geld vielleicht sogar ein kleines Vermögen aufbauen kannst.

EMOTIONALE KLARHEIT.

All das, was wir in diesem Buch bisher besprochen haben, spielt im Grunde keine Rolle, wenn dieses Thema auf der Strecke bleibt. Deswegen habe ich es mir bis fast ganz zum Schluss aufgehoben. Minimalismus ist nicht nur der Verzicht auf Konsum oder das strikte Aussortieren deiner Wohnung oder deines Hauses. Minimalismus ist, das habe ich mehrfach erwähnt, eine Lebenseinstellung. Die Lebenseinstellung zu weniger Ballast. Zu weniger Müssen und mehr Wollen. Zu weniger Haben und mehr Machen. Zu mehr Glück und Zufriedenheit.

Deswegen war es mir wichtig, nicht nur auf die materiellen Themen oder auf die Praxis des Aufräumens einzugehen, sondern auch auf Themen wie die Finanzen oder die Partnerschaft. Es bringt dir nichts, deinen materiellen Ballast zu verringern, wenn deine Seele ganze Rucksäcke voll mit Problemen mit sich herumschleppt. Der Schlüssel zu deinem Glück ist immer deine Seele. Du kannst sie unterstützen, wenn du ihr finanzielle Probleme vom Leib hältst. Oder wenn du deine Umgebung minimalistisch aufgeräumt hast. Aber du kannst mit all dem keine tieferen Probleme lösen. Du kannst sie maskieren, aber selbst das nicht für immer.

Was glaubst du, was dir viele Menschen antworten würden, wenn du sie fragen würdest, weshalb sie zu viel kaufen, zu viel rauchen, zu viel essen, zu viel trinken? Der Konsum ist oft auch nur eine kurzfristige Maskierung anderer Sorgen und Probleme. Wir streben immer nach Glück, und Konsum ist der einfachste Weg, Glück zu empfinden. Es ist nicht nachhaltig und es schadet dir vielleicht sogar, das weißt du, aber hey, es ist immerhin Glück. Oder fühlt es sich vielleicht insgeheim nur so an?

Genau so, wie die Finanzen für viele Menschen ein rotes Tuch sind, sind es auch die tiefen Probleme in uns, die uns ängstigen. Selbstverständlich ist das so. Es gibt schließlich nichts, das angsteinflößender ist als die Angst selbst. Die Angst, zu scheitern. Die Angst, geliebte Menschen zu verlieren. Die Angst, in Armut zu leben. Die Angst der Überwindung, die lange Funkstille mit einem geliebten Menschen zu beenden. Die Angst, zu verzeihen. Die Angst, um Verzeihung zu bitten. Im Kapitel über die Kinder sprachen wir bereits über das Thema Langeweile und warum wir ständig versuchen, uns von der Langeweile abzulenken. Nichts anderes ist Konsum für unsere Probleme. Der kleine Glücksimpuls, wenn wir das neue iPhone in der Hand halten oder die Handtasche bei unseren Freundinnen vorführen, wenn wir die Schokolade essen oder die Zigarette anzünden, fühlt sich natürlich besser an als die Gedanken an Armut, Schulden, Krankheiten oder Streits. Ich habe dir zu Beginn dieses Buches versprochen, dass ich dir nichts schulmeisterlich erzählen möchte, sondern ehrlich und auf Augenhöhe das weitergebe, was ich selbst erlebt und gelernt habe. So ist es auch hier. Ich kenne die Gefühle. Ich kenne die Ängste. Ich kenne die Probleme. Ich habe sie auch lange Zeit maskiert, statt sie anzugehen. Bis mir klar geworden ist, dass das nicht nachhaltig ist und leider nicht zu mehr Glück führt, egal wie sehr wir uns das wünschen.

Was auch immer dich gerade belastet. Was auch immer dir Angst macht. Was auch immer dich davon abhält, glücklich zu werden. Greif es an. Am besten jetzt sofort. Schlag das Buch zu, setz dich ins Auto und fahr zu dem Menschen, mit dem du schon so lange Funkstille hast, dass du das Gefühl für die Zeit längst verloren hast.

Klingel an der Tür, umarme ihn und bitte ihn um ein Gespräch. Die Chancen stehen gut, dass es ihm genauso geht wie dir. Ruf beim Arzt an und mach diesen einen wichtigen Termin, der dir schon so lange auf der Seele liegt. Ruf deine Freundin an, mit der du gerade Streit hast und geigt euch so lange die Meinung, bis alles raus ist und ihr euch wieder vertragen könnt. Überleg dir eine Lösung für deine Schulden, vereinbare einen Termin mit deinen Gläubigern und schlag sie ihnen vor. Wer sind die Menschen, mit denen du Zeit verbringen möchtest? Mach es, jetzt sofort. Wer sind die Menschen, die dir schaden und die dich belasten? Brich mit ihnen. Du bist die Summe der Menschen, die dich umgeben. Vergiss das nicht und bedenke, dass du auch ein Teil der Summe eines anderen Menschen bist, der sich mit dir umgibt. Gehe verantwortungsvoll mit dieser dir anvertrauten Aufgabe um.

Der einzige Weg aus der Angst führt immer direkt durch sie hindurch.

Wenn du nur diesen Satz aus diesem Buch mitnimmst und dadurch ein Stück glücklicher wirst, machst du mich genau heute zum glücklichsten Buch-Autor der Welt.

SCHLUSSWORT.

Ich habe dir eine Reise versprochen. Eine Reise durch dein ganzes Leben. Durch jeden Bereich. Wir haben jeden Stein umgedreht und darunter nachgeschaut, wie wir aus einem Weniger ein Mehr machen können. Wie wir aus Überfluss Übersicht machen können. Wie aus Ballast Freiheit wird. Wir haben jedes Zimmer einzeln betrachtet, viele Strategien und Methoden kennengelernt, um Ordnung in unser Leben zu bringen und Überflüssiges auszusortieren. Auch auf ein besseres Zusammenleben mit dem Partner, mehr finanzielle Übersicht und emotionale Klarheit haben wir gemeinsam hingearbeitet.

Jetzt geht es darum, den Lebensstil weiterzuleben und nicht nur den Zustand zu erhalten. Ich wünsche mir für dich, dass du ein paar Impulse aus diesen Zeilen mitnehmen konntest. Dass du das Herzblut gespürt hast, das ich in diese Seiten investiert habe. Dass du etwas lernen konntest. Dass du deinem ganz persönlichen Glück durch meine Erfahrungen und meine Sicht auf diesen Lebensstil ein bisschen näher kommst.

Ich würde mich sehr freuen, von dir zu hören. Du findest mich in nahezu jedem sozialen Netzwerk unter meinem Namen. Zudem habe ich unter *tobiasgillen.de* für dich eine Anlaufstelle eingerichtet, wo du viele weitere Informationen, Anleitungen und Artikel von mir zu dem Thema findest. Wenn du mir eine E-Mail zusenden möchtest, natürlich vertraulich, freue ich mich darüber: *kontakt@tobiasgillen.de*. Ich werde dir antworten, versprochen!

Einen Ratgeber zu lesen ist einfach. Ich kann dir aber nur das Handwerkszeug liefern, das du für deinen Weg brauchst. Gehen musst du diesen Weg alleine. Auf den folgenden Seiten habe ich für dich noch einmal alle Begriffe, Strategien, Systeme und Anlaufstellen notiert, die dir dabei helfen können.

Ich wünsche dir von Herzen, dass du stark bleibst, Widrigkeiten trotzt und an deinen Zielen und Träumen festhältst. Dass du genau das findest, was du suchst.

Meine Aufgabe ist hiermit getan. Jetzt bist du dran.

Alles Gute.

Dein Werkzeugkoffer

Alle Strategien, Methoden, Anlaufstellen, Tricks, Tipps und Ressourcen, die dir auf deinem Weg nützlich sein werden

STRATEGIEN.

Damit haben wir nun so gut wie jeden Lebensbereich einmal angesehen, entrümpelt, sortiert, aufgeräumt, reduziert oder minimalisiert. Damit du alle Tipps, Tricks, Strategien und Systeme, die ich in diesem Buch erwähnt habe (und noch ein paar mehr), bei Bedarf noch einmal ganz einfach nachschlagen kannst, richte ich dir auf den folgenden Seiten deinen ganz persönlichen Werkzeugkoffer ein. Auf dass er dich auf deinen Wegen begleiten und dir eine Hilfe sein möge!

Das Vier-Stapel-System

Beim Vier-Stapel-System sortierst du zunächst einmal alles aus, was du nicht mehr haben möchtest. Diese Sachen sortierst du nun auf vier Stapel: Verkaufen, Verschenken, Spenden, Wegwerfen. Anschließend machst du genau das damit. Die vier Stapel kennen untereinander keine Reihenfolge, außer dass der Wegwerfen-Stapel zuletzt drankommt.

Mehr: *tobiasgillen.de/01*

Die »Verkaufen«-Box

In die »Verkaufen«-Box kommen alle Produkte, die du verkaufen möchtest, aber gerade noch nicht kannst, weil du zum Beispiel bei Online-Diensten noch nicht den Mindestwert erreicht hast. So sind die Dinge von deinem wichtigen Besitz getrennt und du vergisst sie nicht wirklich, zu einem späteren Zeitpunkt, auszusortieren.

Mehr: *tobiasgillen.de/02*

Die »Unsicher«-Box

Dinge, bei denen du noch nicht genau weißt, ob du dich wirklich von ihnen trennen kannst, kommen in die »Unsicher«-Box. Diese machst du zu und schreibst das aktuelle Datum drauf. Wenn du sie dann nach einem bestimmten Zeitraum wieder öffnest, kannst du dich fragen, ob du das Teil wirklich ehrlich vermisst hast. Ist dem nicht so, kann es weg.

Mehr: *tobiasgillen.de/03*

1 In, 1 Out

Diese Methode ist ganz simpel, um nicht wieder so viel Besitz anzuhäufen, nachdem du einmal aussortiert hast. Für jedes Teil, das du dir kaufst, sortierst du ein anderes Teil aus derselben Kategorie aus. So hältst du den Status Quo. Das funktioniert bei Kleidung genauso gut wie beim neuen Smartphone oder einem neuen Kochtopf.

Mehr: *tobiasgillen.de/04*

72-Stunden-Regel

Um Impulskäufe zu verhindern, kannst du dir die 72-Stunden-Regel zunutze machen. Wenn du im Geschäft etwas unbedingt haben möchtest, obwohl du eigentlich sparen wolltest, schreibst du es auf eine Liste. Nach 72 Stunden (oder: drei Tagen) schaust du noch einmal drauf. Wenn du es dann immer noch haben möchtest, kaufst du es dir. Oftmals ist die Euphorie aber in der Zwischenzeit verflogen. Das funktioniert bei Kindern, richtig kommuniziert, übrigens auch.

Mehr: *tobiasgillen.de/05*

Die 30-Tage-Challenge

Bei der 30-Tage-Challenge sortierst du jeden Tag ein Teil mehr aus als am Vortag, am ersten Tag also ein Teil, am zweiten zwei und so weiter. So summieren sich über die 30 Tage ganze 465 Teile zusammen. Ausgehend von den durchschnittlich 10.000 Teilen, die wir besitzen, sind das schon fast 5 Prozent.

Mehr und Vorlage: *tobiasgillen.de/06*

Don't break the Chain

Ich bin ein großer Fan dieser Methode. Wenn ich ein Ziel habe, dann baue ich mir selbst eine Kette auf, die ich versuche nicht zu reißen. Ich mache beispielsweise dann jeden Tag Sport oder schreibe jeden Tag an meinem neuen Buch. Je länger die Kette an durchgezogenen Tagen wird, desto schwerer wird es, diese Kette zu brechen. Das funktioniert auch beim Thema Minimalismus, etwa bei dem Vorhaben, einen bestimmten Zeitraum lang nichts mehr zu konsumieren.

Mehr: *tobiasgillen.de/07*

Konmari

Die Konmari-Methode geht auf die Japanerin Marie Kondo zurück. Dabei geht es mehr um das Sortieren als um Minimalismus, es schließt sich aber auch nicht aus. Sie sortiert nicht nach Räumen aus, sondern nach Kategorien. So sammelst du also zunächst einmal aus allen Räumen alles der jeweiligen Kategorie zusammen. Durch diesen Aha-Moment merkst du, wie viel Besitz du eigentlich hast. Die fünf Kategorien sind:

- Kleidung, Taschen und Schuhe
- Bücher
- Unterlagen, Papierkram und Dokumente
- Sonstiges (Kleingeräte, etc.)
- Erinnerungsstücke und Sentimentales

Anschließend nimmst du jedes Teil in die Hand und fragst dich, ob es dich glücklich macht. Ist dem so, behältst du es. Ist dem nicht so, bist du dankbar für das Teil und gibst es weg.

Mehr: *tobiasgillen.de/08*

Benutzen statt besitzen

Dieses Konzept geht auf die Sharing-Economy zurück. Du musst nicht zwingend alles besitzen, was du benutzt. Es gibt viele Wege, wie du Ressourcen und Geld sparen kannst, wenn du mit anderen teilst.

Mehr: *tobiasgillen.de/09*

30 LOSLEGEN-MISSIONEN.

Wenn du nach der Lektüre dieses Buches noch nicht genau weißt, wo du anfangen sollst oder vielleicht einfach eine helfende Hand brauchst, die dir mit konkreten Ideen hilft, kannst du dich an diesen Lektionen entlanghangeln und sofort loslegen und eine »Mission« nach der anderen abschließen, wie in einem Videospiel. Die Loslegen-Missionen sind chronologisch nach den Kapiteln in diesem Buch geordnet.

- [ ] Sortiere 20 Bücher aus, die du nicht noch einmal lesen möchtest.

- [ ] Räume alle CDs aus, die du wahrscheinlich nie wieder in einen CD-Player legen wirst.

- [ ] Trenne dich von allen Filmen auf DVDs, Blurays und VHS, die du nicht noch einmal schauen wirst und auf die du ohnehin Zugriff über Streaming-Dienste hast.

- [ ] Welche Videospiele hast du länger als ein Jahr lang nicht mehr gespielt? Weg damit!

☐ Wenn du deine CDs, DVDs und Spiele radikal aussortiert hast, brauchst du auch keinen CD- oder DVD-Player mehr. Vielleicht hast du auch alte Spielekonsolen, die nun wegkönnen.

☐ Schau in deine Elektronik-Schublade und sortiere den Kabelsalat. Schmeiße nun alle Kabel, Stecker, Adapter und so weiter weg, die du nicht mehr brauchst. Natürlich fachgerecht (siehe Kapitel »Elektronik.«).

☐ Wie viele alte Smartphones besitzt du? Gib sie an Menschen weiter, die sie noch benutzen möchten oder gib sie zum Recycling, damit die wichtigen Rohstoffe extrahiert werden können.

☐ Sortiere in deinem Kleiderschrank radikal alle Kleidungsstücke aus, die du nicht mehr anziehst. Gehe dabei nach einer Frist vor (zum Beispiel ein Jahr), in denen du das Teil mindestens einmal glücklich und zufrieden getragen haben musst. Ansonsten spende es!

☐ Mache es mit deinen Schuhen ähnlich. Welche Schuhe ziehst du noch regelmäßig an? Welche drücken vielleicht oder verursachen dir Schmerzen? Verkaufe oder spende sie, wenn sie noch gut sind, oder schmeiß sie weg!

- [ ] Gehe durch deine vier Wände und schaue dir deine Dekoration genau an. Welche deiner Teile machen dich glücklich? Welche Teile binden nur deine Aufmerksamkeit und machen dich unfrei? Sortiere sie aus und schaue dir das Ergebnis an!

- [ ] Informiere dich über funktionale Dekoration. Eine schöne Lampe, Blumen, Obstkörbe, Kerzen. Finde Dekoration, die gleichzeitig einen Zweck erfüllt!

- [ ] Sprich mit deinem Partner über deine Wünsche in puncto Minimalismus. Erkläre ihm deine Situation und was du vorhast. Sprecht über Kompromisse und Wege, beide Seiten glücklich zu machen.

- [ ] Nimm dir einen Ordner aus deinem Aktenschrank und fange an, ihn zu digitalisieren, richtig zu benennen und auf deiner Festplatte in einer Ordnerstruktur abzulegen.

- [ ] Sortiere alte Stifte, Lineale, Notizbücher und andere Büro-Utensilien aus. Packe sie in eine Kiste und spende sie einer Hilfsorganisation oder der örtlichen Schule!

- [ ] Melde dich von mindestens 10 Newslettern ab, die du nicht mehr regelmäßig liest und spare dadurch pro E-Mail 10 Gramm CO2 ein.

- [ ] Gehe dein Smartphone oder Tablet durch und lösche alle Apps, die du schon lange nicht mehr benutzt hast und wahrscheinlich auch in Zukunft nicht regelmäßig nutzen wirst.

- [ ] Melde dich von allen Benachrichtigungen diverser Online-Dienste und sozialer Netzwerke ab, die dir keinen Mehrwert bringen und dich nur unnötig unter Stress setzen.

- [ ] Lösche alte Accounts und Zugänge bei allen Online-Diensten und sozialen Netzwerken, die du nicht mehr nutzt!

- [ ] Schaue dir das Mindesthaltbarkeitsdatum (MHD) und die Period after Opening (PAO) deiner Kosmetikprodukte an und sortiere überfällige und lange unbenutzte Stücke aus!

- [ ] Gehe deine Hausapotheke durch und schaue auch hier auf das Mindesthaltbarkeitsdatum. Sortiere insbesondere flüssige Medikamente aus, die darüber liegen und kümmere dich bei Bedarf rechtzeitig um Ersatz!

☐ Schaue dir deinen Vorratsschrank an und sortiere all die Produkte aus, die nicht mehr genießbar sind. Schaffe mehr Überblick über die Produkte, die dir nun noch zur Verfügung stehen.

☐ In deinen Küchenschränken lauern allerhand überflüssige Produkte. Spende, verschenke oder verkaufe altes Geschirr, Besteck, Gläser, Tassen oder Dosen.

☐ Unternimm einen tollen Tag mit deinem Kind oder deinen Kindern. Habt Spaß, lernt gemeinsam den Wert dieser Erlebnisse kennen, schafft Erinnerungen, an die ihr euch auch in Jahren noch gerne zurückerinnert.

☐ Schau dir Sharing-Economy-Dienste an, informiere dich über den Öffentlichen Personennahverkehr (ÖPNV) und rechne durch, ob es sich lohnen kann, hier Angebote in Anspruch zu nehmen.

☐ Lege ein (digitales) Haushaltsbuch an, in das du all deine fixen sowie die variablen Kosten schreibst. Verschaffe dir einen Überblick über deine Finanzen.

- [ ] Vergleiche deine Verträge und Versicherungen. Kündige nicht genutzte Services. Verhandle die Bedingungen bei Anbietern nach.

- [ ] Informiere dich über Möglichkeiten, dein durch den Minimalismus freigewordenes Geld anzulegen und für dich arbeiten zu lassen.

- [ ] Welche Menschen in deinem Umfeld bringen dich weiter, unterstützen dich und machen dich glücklich? Stärke die Beziehungen zu diesen Menschen.

- [ ] Welche Menschen saugen dich aus und machen dich unglücklich? Lasse die Beziehungen zu diesen Menschen abkühlen, wenn sie dir nicht guttun.

- [ ] Räume Streitigkeiten mit deinen Mitmenschen aus, baue eingerissene Brücken wieder auf und löse deinen emotionalen Ballast.

RESSOURCEN.

Hier findest du noch einmal viele wichtige Links für den Verkauf, die Spende oder die Entrümpelung deines Ballastes.

Denn was auch immer du aussortierst, kann vielleicht anderen Menschen eine große Freude machen – und dir ein paar Karma-Punkte und / oder Euro dazu verdienen.

Die Dienste, Firmen und Links sind alphabetisch sortiert ohne Rangfolge.

Altkleiderspenden / FairWertung: Auf dieser Website von FairWertung kannst du seriöse Altkleider-Container in deiner Nähe finden:
altkleiderspenden.de

Deutsche Kleiderstiftung: Etikett ausdrucken, Paket packen und Kleidung spenden.
kleiderstiftung.de

eBay: Auf eBay kannst du nahezu alles verkaufen, entweder per Auktion oder mit Sofort-Kauf-Option.
ebay.de

eBay-Kleinanzeigen: Auf eBay-Kleinanzeigen kannst du per Inserat nahezu alles verkaufen.
ebay-kleinanzeigen.de

Ecosia: Wenn du Ecosia als deine Suchmaschine nutzt, pflanzt du ganz nebenbei Bäume.
ecosia.org

Facebook-Marktplatz: Auf Facebook kannst du per Inserat nahezu alles verkaufen.
facebook.com/marketplace

Kleiderkreisel: Bei Kleiderkreisel kannst du deine Kleidung verkaufen.
kleiderkreisel.de

Mamikreisel: Bei Mamikreisel kannst du Kindersachen und Spielzeug verkaufen oder tauschen. Perfekt für schnell wachsende Kinder.
mamikreisel.de

Momox: Bei Momox kannst du Bücher, DVDs, CDs und Spiele verkaufen.
momox.de

Momox Fashion: Auf Momox Fashion kannst du Kleidung verkaufen.
momox-fashion.de

Rebuy: Bei Rebuy kannst du Bücher, DVDs, CDs, Spiele und Elektronik verkaufen.
rebuy.de

TobiasGillen.de: »Die Minimalismus-Formel« gibt es auch als Blog, Podcast und YouTube-Kanal. Dort begleite ich dich weiter auf deinem Weg zum Minimalismus.
tobiasgillen.de

Zalando Wardrobe: Bei Zalando Wardrobe kannst du Kleidung verkaufen.
zalando-wardrobe.de

DANKE.

Ein ganz herzliches Dankeschön geht an meine Partnerin Christina, die mich bei allem Sinn und Unsinn unterstützt, den ich mir tags und nachts so ausdenke. An meine Familie und Freunde, die mich stets unterstützt und mit viel Liebe und Zuwendung zu dem gemacht haben, der ich heute bin. An mein Team in der BASIC thinking GmbH, das mir immer den Rücken stärkt und mir die nötige Ruhe gegeben hat, dieses Buch abends und am Wochenende zu schreiben. An Sascha Gottschalk von Inpetto Werbung für das tolle Logo und das Umschlagdesign für dieses Buch, und dafür, dass er im Chaos immer die Ruhe bewahrt hat. An Christina, Birgit, Ekki und Tim fürs Gegenlesen, und für das wertvolle Feedback. An die Suchmaschine Ecosia, vor allem an Génica, Christian und Tim, für die Kooperation zum Pflanzen der Bäume für jedes verkaufte Buch oder E-Book und selbstverständlich allen Leserinnen und Lesern, die bis hierher durchgehalten haben. Ich hoffe sehr, dass ich euch mit meinen Zeilen einen Mehrwert bieten konnte.

Vielen Dank euch allen!

ÜBER DEN AUTOR.

Tobias Gillen ist Journalist, Autor und Unternehmer. Seit er 21 Jahre alt ist, führt er als Geschäftsführender Gesellschafter die BASIC thinking GmbH, die mit ihren Online-Medienmarken und Social-Media-Kanälen rund um das Magazin *BASIC thinking* pro Jahr weit über 100 Millionen Impressionen erzielt.

Davor hat er freiberuflich als Journalist für verschiedene Verlage und Medien geschrieben, darunter *Kölner Stadt-Anzeiger*, *Spiegel Online* und *Stern*.

Vor *Die Minimalismus-Formel* war er bereits mit seinen E-Books *Verschlüsselt!* und *Spurlos!* und seinem Buch *Spurlos & Verschlüsselt!* als Autor aktiv.

2014 hat ihn das *Medium Magazin* als einen der 30 besten Journalisten unter 30 Jahren ausgezeichnet.

Tobias Gillen lebt und arbeitet in der Nähe von Köln.

Kontakt

Social Media: *@tobiasgillen*
Website: *tobiasgillen.de*
Blog: *tobiasgillen.de/blog*
Baumzähler: *wirpflanzen.de*
E-Mail: *kontakt@tobiasgillen.de*

WEITERE BÜCHER DES AUTORS.

Spurlos & Verschlüsselt!: Von sicherer Kommunikation und anonymem Surfen. JMB-Verlag. 2014.

QUELLEN.

Ich habe, neben meinem eigenen Wissen, während der Recherche zu diesem Buch zusätzliche Informationen, Hintergrundwissen, Zahlenmaterial und weitere Daten aus folgenden Quellen und Artikeln bezogen, die ich dir ebenfalls ans Herz legen möchte, wenn du dich weiter zu den Themen informieren möchtest.

- https://www.biorama.eu/darf-man-hochglanz-magazine-im-papiermull-entsorgen/
- https://www.computerbild.de/artikel/cb-News-Handy-Alte-smartphones-Deutsche-aufbewahren-11577947.html
- https://utopia.de/ratgeber/elektroschrott-wo-was-entsorgen-tipps/
- https://www.finanztip.de/garantie-gewaehrleistung/
- https://www.anwalt.de/rechtstipps/reklamation-umtausch-garantie-co-populaere-irrtuemer-an-der-kasse_099297.html
- https://www.express.de/news/politik-und-wirtschaft/recht/14-tage-rueckgaberecht-alles-quatsch---die-9-haeufigsten-rechts-irrtuemer-beim-einkaufen-22504186

- https://www.geo.de/natur/nachhaltigkeit/21846-rtkl-alternative-zum-container-so-koennen-sie-ausgemusterte-klamotten
- https://www.t-online.de/leben/id_75127466/altkleidercontainer-welche-sind-serioes-und-was-darf-rein-.html
- https://fink.hamburg/2017/06/modekonsum-wie-viel-kleidung-braucht-der-mensch/
- https://www.focus.de/finanzen/videos/steve-jobs-machte-es-vor-darum-traegt-mark-zuckerberg-immer-ein-graues-t-shirt_id_4259738.html
- https://www.e-recht24.de/artikel/ecommerce/76.html
- https://de.wikipedia.org/wiki/ISO_8601
- https://www.bitkom.org/Presse/Presseinformation/21-E-Mails-landen-durchschnittlich-pro-Tag-im-Posteingang.html
- https://www.swr3.de/aktuell/nachrichten/Klimabilanz-Warum-man-auch-bei-E-Mails-Strom-sparen-kann/-/id=47428/did=4824890/snzs6k/index.html
- https://www.bento.de/nachhaltigkeit/altkleidersammlung-was-du-wissen-musst-a-00000000-0003-0001-0000-000001370713

- https://www.bvl.bund.de/DE/03_Verbraucherprodukte/03_AntragstellerUnternehmen/02_Kosmetik/05_Kennzeichnung/01_Haltbarkeitsdaten/bgs_fuerAntragsteller_kosmetik_mhd_node.html
- https://www.deutschlandfunknova.de/beitrag/bittere-pille-wie-lange-sind-medikamente-wirklich-haltbar
- https://www.zugutfuerdietonne.de/warum-werfen-wir-lebensmittel-weg/wie-viel-werfen-wir-weg

Liest eigentlich jemand die letzte Seite?
Also: Außer dir jetzt gerade?

Nein, im Ernst: Hab nochmals besten Dank, dass du mein Buch bis hierhin gelesen hast! Wenn ich dir damit weiterhelfen konnte, würde ich mich sehr über eine kurze Rezension auf Amazon freuen. Damit unterstützt du mich als Autor und meine Arbeit sehr!

Zudem möchte ich dir meinen Newsletter ans Herz legen. Ich arbeite bereits an meinem nächsten Buch, das auf diesem hier aufbauen wird. Wenn du darüber benachrichtigt werden möchtest, findest du hier die Option dazu:

tobiasgillen.de/newsletter

Dein Tobias

Printed by Amazon Italia Logistica S.r.l.
Torrazza Piemonte (TO), Italy

20185444R00119